格子外面

寬廣無限

亞歷克斯＆史蒂芬·肯德里克（Alex & Stephen Kendrick）著

推薦序 ────────────────

在聖經中，禱告一詞就有 236 筆，而帖撒羅尼迦前書五章 16 到 18 節，神要我們常常喜樂，不住禱告，凡事謝恩！注意了，神要我們「不住禱告」！這證明了禱告對於一個基督徒的重要性！相信有絕大多數的人，即便是信主很久了，也不完全知道禱告的真義，甚至很多信主的人，還是不敢開口禱告。

不知道該怎麼樣為自己禱告？為他人禱告？什麼樣的禱告是神所垂聽的？而神又會用什麼樣的方式，來回應我們的禱告呢？

如果說禱告是神賜給我們的恩典、一份工具，好叫我們能透過禱告與神連結，而我們卻不知道該如何使用這份工具與神連結，以至於很多時候我們無法領受神豐盛的恩典！我們甚至不知道，我們的禱告是祈求，還是妄求？相信這本將禱告全面剖析的書，能夠幫助到所有的人，真正認識禱告的權柄，禱告的大能，更多的領受神在我們一切所需上的各種回應！

讓我們每一位都能透過禱告，更親近神，更經歷神，更看見神的榮耀！「你們禱告，無論求什麼，只要信，就必得著。」（馬太福音二十一 22）

——**小馬**　基督徒／藝人

────────────────

禱告是基督徒最基本的能力，卻也是最容易被忽略或誤解的一

個題目，有人輕忽了禱告的能力，覺得禱告只是一種心理安慰或宗教儀式的要求。有人誤解了禱告的目的，覺得禱告可以成就他個人毫無節制的慾望。

本書作者不只是歸納禱告的聖經教導，本身更是經歷過如何透過禱告完成了不可能的奇妙任務。

透過一天讀 1 章，每章探討一個關於禱告的重要問題，加上真實的禱告操練，引導讀者可以進入到真實且享受的禱告經驗之中。這不只是一本教導個人如何禱告的書，作者也期待可以啟發更多基督徒，進入到更高戰略的禱告層次，更全面有策略的禱告生活，並且成為國度復興的禱告勇士。

這是一本簡單卻有恩膏的書，我相信你若帶著禱告的心來讀，個人將經歷禱告生活的更新，並且藉著你的禱告，神也會透過你帶出復興。

——**松慕強**　iM 行動教會主任牧師

禱告的重要性再怎麼強調也不為過！然而，我們為何不願禱告也不想學習如何禱告呢？

我想應是忙碌的生活形態與不得其法的方式攔阻了基督徒的禱告，這也是為何我們需要再一本關於禱告的書。史蒂芬和亞歷克斯合著的這本《禱告！神回應》，不僅有合乎真理的教導，

更有諸多關於禱告操練的方式、策略及心態上的預備。細細閱讀大大開啟了我對禱告的想像與渴慕，更增添了禱告蒙應允的厚實信心基礎。跟您推薦！

——**楊大鵬** iM 行動教會傳道

不少醫療論文曾指出，「禱告」這件事可以對人的身心健康帶來正向的助益。在我的經驗與觀察中，常禱告的人不但可以疏導負面情緒，更可以助我們釐清自己未來的方向，使我們活出更亮眼的人生。而禱告的態度如何才是正確的？這本書中有著詳盡而生活化的提醒，值得一讀！

——**施以諾** 作家／輔大醫學院職能治療學系系主任

當面臨難題時，人很容易驚惶失措。但我們一定要知道，遇上問題前，神早就有了解決方法。

我們或許會感到狀況失控，卻要記得神永遠掌權，即便是仇敵，也在神的掌控中！

書中提到禱告就像每天 24 小時全年無休的諮商時間，不需預約，直接走進諮商室必可找到你的保惠師——耶穌對聖靈的形

容之一（約十六 7），祂必定完全了解你的情況，隨時能傳授你智慧。辛勤工作、做計畫、盡責，這些固然是有智慧的，都是迎向人生的好方法，若不加上禱告，以神的智慧與力量為那些品格情操增添活力，到頭來也是徒勞無益。

求主透過這本書來對祂的兒女說話，禱告就是與神親密的連結，神是聽禱告的神，上帝的拯救從禱告開始！

——**王翠如** 榮耀城靈糧堂創會牧師／專欄作家

許多時候，我們把禱告當成一件教會的事工，有事工進行時，我們禱告，事工結束了，我們的「禱告」也隨之結束；在崇拜中，我們跟著主領者或牧師的禱告回應「阿們」……這就僅僅是我們一個星期的「禱告分量」。

或者，我們告訴神：「我要這樣，給我那些，不要這個要那個……」但，這是「禱告」嗎？似乎比較像是「指使」。甚至，我們說：神啊，祢怎麼這樣呢？怎麼不這樣呢？祢有沒有看見我的需要？怎麼還不工作……而這樣，卻像是「抱怨」。

這些都是身為教會、身為「小基督」的我們常見的問題！

當有機會拜讀這本《禱告！神回應：建立強大有效的禱告生活》時，眼睛忍不住亮了起來，心也跟著發熱，內心更是說著：「是

的，就是這本！」這不是「另一本」論及禱告理論、模式、流程的書，也不再是「又一本」某某教會如何「建立禱告事工」的書。如果你還沒有建立禱告生活，那麼，我鼓勵你打開這本書，但不是泡杯咖啡、打開爆米花，花一個下午將它一口氣讀完……不，不是！

我鼓勵你，向神委身，渴望來與祂建立親密的關係。每一天撥出一段不受干擾的時光，讀 1 章，並花時間來禱告，你會發現禱告的甘甜、明白神的心意和計畫，且經歷禱告的大能與突破！

——**葛兆昕**　屏東和平長老教會主任牧師

相信華人基督徒對史蒂芬 & 亞歷克斯·肯德里克這兩位兄弟並不陌生，他們製作的電影如《永不放棄》（又譯：面對巨人）以及《戰爭之屋》，不僅開啟了以堂會開拍福音電影的先河，更帶動起以禱告面對屬靈爭戰的運動，如今這對牧師兄弟檔又聯手寫了這本關於禱告的書。

古今中外寫禱告的書無數，這本《禱告！神回應》的特色在哪裡呢？

我覺得主要有三點，其一，作者以很紮實的十架福音神學作為禱告根基，為與神與人的垂直與水平面提供和好的基礎，這是人能夠有信心進入禱告內室（戰爭之屋）的前提。第二，這本

書對於禱告各個面向有很全面及平衡的教導，使讀者能見樹也見林。最後，就是它的編排極具可操作性，每天 1 章的進度配合「禱告時刻」的引導，可以讓開始學習或重新建立禱告生活的你馬上上手。從作者牧會，電影傳播到寫書，我們可以看看他們的用心，以幫助我們藉著禱告，真實經歷神的信實與得勝的大能。

——**郭俊豪**　高雄武昌教會主任牧師

作者在書中提到，他們有一面禱告蒙應允的「紀念牆」，上面密密麻麻的都是一張張神回應禱告的相片，每當看到這些照片，就再次提醒他們，我們有一位垂聽禱告的神。

當我邊讀這本書的同時，我也被書中的每個故事感動，書中每篇都是對禱告的教導和認識，帶領著我也去相信有一天，我的「紀念牆」將掛滿了神垂聽禱告的紀念照。

從這本書學習禱告其實一點都不難，書中會告訴你怎麼開始進到這個信心旅程，一步一步帶領你進入禱告的偉大航道。

——**柳子駿**　台北復興堂主任牧師

還記得在觀賞本書的作者亞歷克斯及史蒂芬合作拍攝的電影《戰爭之屋》（War Room）時，令我印象最深刻的部分是劇中描繪出禱告就像戰爭時，需要規劃布局一樣充滿策略性。因此當我看到這本書時，心中真是興奮不已！如同一本實用的孫子兵法一般，透過這本書我們可以學習到什麼是符合聖經的禱告和具體的禱告策略，使我們在生活中能夠不斷經歷禱告的大能。

我誠摯推薦此書，讓我們來學習透過禱告倚靠與交託，觀看全能的神出手為我們贏得一場又一場的勝仗！

——張家綺

CROSSMAN 敬拜團團長及主領

超自然敬拜學院歌唱班老師

中國文化大學音樂系商業演唱主修助理教授

目錄 Content

第五部：目標

第六部：彈藥
　　——屬靈軍火庫

精準禱告的要義

十字準線符號的意義

中央的十字提醒我們，有效禱告的始點是藉著耶穌基督與神建立的關係，並相信祂在十字架所流的寶血。（約十四6，弗三12，西一15-20）

十字的垂直線，提醒我們在禱告中保持垂直對準神和祂的道。（約十四13，十五7；約壹五14）

十字的水平線，提醒我們與他人維持正確關係，包括要饒恕、道歉，以及與他人同心合意的禱告。（太五23-24，十八19-20；可十一25）

內圈代表保持清心禱告。禱告的時候，心裡不應存有尚未悔改的罪或苦毒憎恨，親近神的時候，應該心存謙卑、悔改、順服，還要憑信心來到神面前。（詩六十六18；可十一24；雅四7-10）

十字準線提醒我們，代禱時要瞄準目標，必須具體地、有策略地、堅持地禱告到底。（太七7-8；約十五7；雅五16）

前　言
Introduction

1984 年4月，在美國喬治亞州南部一個小鄉鎮，

有位農夫抬頭一看，看見龍捲風遠遠地朝他的田地而來，嚇得趕緊跑去找掩蔽。他在家中的妻子則趕緊把三名年幼的女兒塞到餐桌下，滿懷恐懼地等待。

當橫掃千軍的龍捲風掃到他們的房子時，小女孩們聽見媽媽扯著喉嚨高聲呼求神保護。過了一會兒，如火車駛過般震耳欲聾的風聲漸漸遠去，然後，一家人走出屋外觀看風災後的情況。

整個路上滿目瘡痍，幾碼外的穀倉受損相當嚴重，電線都散落一地。屋前的大橡樹被連根拔起，樹幹橫躺在他們旁邊，對面的教堂也倒塌了，他們家的房子和全家人都毫髮無傷。

那位農夫和他的妻子正是我的外公外婆，他們六歲大的女兒，日後成了我母親。要不是那次神在風暴中伸出保護的手，今天就不會有她所生的三個兒子，和我們三兄弟的十九名子女了。

禱告裡滿有大能。我們在禱告的家庭中長大，從小上的教會是個禱告的教會，多年來，我們親眼見神應允無數具體的祈禱。

舉個例子，讀高中時，家父和幾個信任的朋友相信神引領他們在本地區開辦一所基督教學校。要開辦新學校當然需要課桌椅、書本和適當的地點，在資金微少的情況下，他們最需要的除了信心，還有禱告。

　　創校初期，我們目睹神如何迅速地引導和供應。有一間本地的教會同意作為校址，更提供教會設施、重新裝修以符合使用目的；本地一家企業樂捐木料建材；某日出現一隊從田納西來的志工團，義務幫忙蓋校舍。幾星期後，新的教室和辦公室都完工了，這時另一所學校來電，說他們要提供書本和課桌椅。

　　不可置信的時間點，一切都來得剛剛好。不久，我們有了學生坐在新的教室裡，他們手上有書本，眼前有教師授課，家父也從那時開始擔任校長，持續 20 年，見證到神每一年都供應所需。在 2014 年秋天歡度 25 週年校慶的這所學校，影響的學生和家庭不知凡幾。

　　在 1990 年代，家父為學校租下一組房舍需要經費，他求神供應 7,000 美元的開辦費。幾天後，突然有一對夫婦來訪，在辦公室見面時他們問學校是否有任何需要，家父就分享有個擴充的計畫，也說出他正在祈禱的具體金額。那對夫婦一聽目瞪口呆，轉頭互望十分驚奇。

　　那丈夫說：「我們來找你是因為，我們相信神希望把這個交給你。」他從口袋抽出一張支票，金額已經寫好了——7,000 美元！正是父親求神賜下的金額，一分也不少。

　　這類禱告蒙應允的事，我們時常目睹。

　　2002 年，我們跟隨父親的腳步，有幸得以在我們教會創立基督徒電影事工，我們沒錢，沒有專業經驗，也沒受過電影學校訓練，但我們知道神能供應我們所需的一切。在教會支持下，我們把每一個需要都擺在禱告中向祂陳明，我們得寫劇

本，找合適的演員，拿到正確的器材，完成整個電影製作然後取得發行，在每一層面，神都供應我們所需的一切。至今我們參與製作了五部電影，每一部都是一長串具體禱告得到應允的結果。我們知道若不如此行，終究一事無成。

我們在辦公室製作了一面掛滿相框的「紀念牆」，以作為神供應的視覺提醒。張張相片都代表一個又一個清楚蒙神應允的禱告，其中有一張亞歷克斯的照片，當時他還是年輕的大學生，懷著為主拍電影的夢想。另一張照片則攝於中國的南京市，主角是一位兩歲的孤兒，那是史蒂芬和妻子在神引導下所領養的孩子。有一張照片顯示鐵道上一台堆高機，當時我們拍片急需這樣的場景，就發現它好端端地在某人屋後正等著我們用呢。有一張照片是非洲馬拉威的一群男人，都有過一段堪稱拋家棄子的往事，現在他們個個舉著立志卡，承諾擔起領導家庭的責任。還有一張照片裡是我們三兄弟，互相搭肩，對著鏡頭微笑，父親為我們能在一起工作禱告了好多年，終於實現。

每一張照片都代表神以信實待我們的一個見證，把它們全擺在一起更叫人感動。這真是不可思議的供應、難以置信的指引、不可能的機會，更是數算不盡的恩典。

多年來神一直從各方面顯明祂的慈愛與能力，是的，祂藉著祂的創造和祂的話語施恩於我們。是的，祂藉著這些被改變的生命施展大能。其中一個影響極大的方式，是藉著具體地應允禱告賜下祝福。

我們都知道禱告是有功效的。在這一點上我們無法否認，也不想否認。

禱告蒙應允可不只是發生率極低的機遇巧合，蒙應允的禱告是一位慈愛的永活真神的指印，祂邀請我們都來親近祂，那造我們的「其實⋯⋯離我們各人不遠；我們生活、動作、存留，都在乎他。」（徒十七 27-28）因此，使徒約翰的一番話引起我們很深的共鳴，他說：「我們將所看見、所聽見的傳給你們，使你們與我們相交。我們乃是與父並他兒子耶穌基督相交的。我們將這些話寫給你們，使你們的喜樂充足。」（約壹一 3-4）

這就是我們對這本書的期盼——盼望在你展閱以下篇章的旅程中，不僅充分經歷禱告蒙應允的喜樂，更得以深入認識神，個別地與祂建立深厚親密的關係。

我們想邀請你加入我們——和其他無數人的行列，一塊走上這趟禱告之旅，學習更符合聖經、有策略地禱告，如何帶著極大的自由和信心來到神的施恩寶座前，如何更有效地先在禱告中打這場人生的仗，如何將你的憂慮卸在切切關心你的那一位的肩膀上。

我們將一起走過關於禱告的一些極重要的基本經文和聖經真理，也會分享許多美好的資源，這些都是神所賜給我們，要幫助我們以更大能力精準地禱告的資源。我們將討論禱告的益處、目的，以及神如何應允。接著我們要探索調整正確心態的重要性，好叫我們能放膽地憑信心來到祂面前。最後，我們將分享一些具體的禱告策略，幫助你做更符合聖經的禱告，得以在受試探和屬靈攻擊之時堅定站立，並且預備好更有力地為你周圍的人代求。

如果你渴望更親近神、能更有效而有策略地禱告，那麼你

閱讀這本書不是偶然。我們相信神正在呼召你進入更深的關係中，我們要為你加油，鼓勵你在與神的關係上更深入，勇敢地踏上這段旅程。

站在起點上，我們想要挑戰你承諾三件事：

第一，讀這本書，一天讀一章。我們建議是，每週至少五天，持續七週。其他方式也行，只要配合你的日程表。每一章都應該只用到你約十分鐘的時間。

第二，每天讀聖經。讓神的話語塑造你成為禱告的人。我們鼓勵你在這七週之中把路加福音從頭到尾讀完，請你從「如何跟耶穌學禱告」的角度去讀它。你若能查考和研讀每一章裡面不大熟悉而引起你興趣的經文，那就更好了。

第三，每天禱告。禱告應是既定的，也是自發的。選擇你可以每天獨自禱告的一個地方和時間，早晨的話最好（詩五3）。把你在接下來幾週中作為禱告目標的具體需要和個人代禱事項寫下來，並做以下祈禱：

> 天父，我奉耶穌的名來到你面前，求你領我進入與你更親密的個人關係。求你潔淨我的罪並預備我的心，讓我以你所喜悅的方式向你祈禱。幫助我在這一週裡更認識你、愛你。求你使用我生命中的所有環境，教我更像耶穌，教導我如何更有策略、更有效地奉你的名、按你的旨意和你的話語來禱告。使用我的信心、我的順服，和我這一週的禱告使他人得益。為了我的好處，也為了你的榮耀。阿們。

　　願我們每個人都經歷神的奇妙大能，在這世代見證祂的美善，使人看見祂的榮耀！

我要固定禱告的時間
____ ： ____ a.m ／ p.m.

我要固定禱告的地方
_____

我要禱告的事項

擬出一張禱告清單，必須具體、屬於你個人且要持續禱告的事項。可使用以下問題（單選或複選）：

○ 現在你最需要的前三件事是什麼？

○ 現在你最有壓力的前三件事是什麼？

○ 在你生命中有哪三件事需要從神來的奇蹟才能解決？

○ 假如神供應的話，有什麼美好的事物會帶給你、你的家人和其他人很大的益處？

○ 你相信神可能正引導你去做什麼事，但你需要祂給你一個清楚的指引？

○ 你願意開始為你所愛的人，他生命中的需要代禱嗎？

Question 問題討論

· 你從小在一個禱告的家庭長大嗎？

· 從小在家裡曾目睹禱告蒙應允的明顯證據嗎？

· 如果你在家裡製作一面禱告「紀念牆」，有哪些禱告的具體回應能跟別人分享？

Part 1 徵召
Enlistment

1

禱告的傳承

聽禱告的主啊，凡有血氣的都要來就你。（詩六十五 2）

O You who hear prayer, to You all men come.

禱告能達成神願意達成的事。禱告是一份美麗而神祕的
禮物，可使人的敬畏之心油然而生。對任何人來說，禱告都是
莫大的榮幸，我們竟能個別地跟全能神說話，全能神竟願側耳
傾聽我們。我們所面臨的問題沒有一樣不能放在禱告中，因為
沒有一件事在神是太難或無法解決的。我們所能擁有或留給後
代的最美好遺產，莫過於在禱告上忠心。

我們不應感到意外，在聖經中偉大成功和屬靈的男女都
是禱告的人。亞伯拉罕憑信心前行，但也是靠禱告引導，世上
萬族萬民因此不再一樣。以撒為他不孕的妻代求，結果雅各出
生，在日後成為以色列民族之父（創二十五 21）。神與摩西
面對面說話，「好像人與朋友說話一般」（出三十三 11），
摩西領受神的指引與啟示做領導上的決策，其果實迄今世人仍
得嘗，就是妥拉（一般稱摩西五經）與十誡。

大衛「早上、中午、晚上」都向神傾訴（詩五十五 17），

他因此寫下聖經中最長的一卷書，詩篇充滿了大量可歌可詠的熱烈祈禱。尼希米的代禱為以色列帶來奇蹟般的重建，耶路撒冷城牆在不可思議的短時間內完工。今日尼希米的城牆有部分仍屹立不搖，我們已去耶路撒冷看過，你不妨也去看一看。但以理非常珍視與神談話，因此他把每天三次祈禱列為優先，甚至情願放棄生命，也不願放棄他的禱告時間。

從約瑟到耶利米，從哈拿到何西阿，聖經處處發現神真的垂聽且回應那些憑信心來到祂面前的人。以利亞基本上是一個禱告蒙垂聽的活生生例子，因此他成了新約信徒的激勵與啟迪（雅五 16-18）。

不過，禱告的終極典範與大師，仍屬耶穌基督。從祂出生，耶穌和祂的父母就在聖殿中受到一個晝夜禱告事奉神的寡婦亞拿的問候。祂公開事奉之初，接受洗禮，從水中起來，「正禱告的時候」，天開了，聖靈降臨在祂身上（路三 21-22）。

耶穌揀選門徒之前，整夜向神禱告。門徒跟從祂以後，發現祂有個私人的習慣，就是一大清早、太陽還未升起時就起來禱告了（可一 35）。爆紅以後，祂依然時常「退到曠野去禱告」（路五 15-16）。

祂第一個在聖經中完整記載的證道，是說明禱告的基本觀念（太五～七）。祂教導並挑戰門徒「警醒禱告」（可十四 38），要禱告不可灰心（路十八 1）。祂生氣地把兌換銀錢的攤販趕出聖殿，又大聲說：「我的殿必稱為禱告的殿」（太二十一 13）。

　　祂送給世人有史以來最美好的禱告範例（太六 9-13），後來又做了有史以來最強而有力的大祭司之禱（約十七）。

　　在祂被出賣、被釘十架之前，耶穌獨自跪在客西馬尼園迫切地深入禱告，以致祂的汗珠如大血點滴到地上（路二十二44）。即便在十字架上忍受極大的痛苦時，祂仍在最後的呼吸之間三次大聲禱告。然後，升入天上之後，祂差祂的聖靈來充滿聖徒，並特地呼召我們做更有效的禱告（羅八 15-16）。現在，作為我們至高的大祭司，耶穌站在父神的右手邊永遠地活著，替我們代求（來七 23-28）。

　　慕安德烈（Andrew Murray）寫道：「基督的生命與工作，祂的受苦與受死，全都以禱告為根基——完全倚賴父神、信靠神、從神領受，並完全降服於神。你被救贖是靠禱告和代求來的。祂為你和在你裡面而活的生命，是喜悅地等候神並從祂領受恩典的生命。奉祂的名禱告就是像祂那樣禱告，基督是我們的榜樣，因為祂是我們的頭、我們的救主、我們的生命。祂能藉著祂的神性和靈住在我們裡面，我們之所以能奉祂的名禱告是因為：我們住在祂裡面，祂也住在我們裡面」[1]。

　　新約教會的肇始和教會歷史的開端，不得不從禱告的角度去了解。彼得持續倚靠禱告，保羅真的是禱告成癮（腓一 4-5；帖前五 17）。

　　史上最偉大的基督教宣教士也是禱告的人。十九世紀

1　Andrew Murray, The Ministry of Intercessory Prayer(Minneapolis, MN: Bethany House, 1981), 106-107. 中文版《代禱的服事》，出版社：以琳書房。

末戴德生（Hudson Taylor）成立中國內地會（China Inland Mission）對中國產生空前的影響，共創辦了 125 所學校，帶領無數人信靠基督。他的兒子和兒媳婦寫了一本書透露「戴德生的屬靈祕訣」，就是他在禱告中順服地緊緊跟隨神。戴存義（Howard Taylor）寫到他父親，說：「四十年來，無一日當太陽在中國升起時，上帝不曾發現他正屈膝禱告。」[2]

在英格蘭有一個名叫喬治・穆勒（George Muller）的謙遜男士，在布里斯托近郊的阿什利丘原區（Ashley Down）開辦孤兒院，終其一生照顧了一萬多名孤兒。他從不跟任何人開口要錢，他會私底下禱告，然後看著神公開地供應所需。一直到他過世，日記裡共留下五萬多筆禱告蒙應允的詳細記錄。世界各地數不清有多少人因他在禱告上的榜樣和教導而得福。

其中一位就是英格蘭的偉大傳道者司布真（Charles Haddon Spurgeon），他以口和筆廣傳禱告的能力，每一週都有好幾千人前往聆聽這位「傳道王子」清晰有力的信息。當訪客來到他的教會（New Park Street Church）時，他常會帶他們走到位於地下室的禱告室，那裡一直都有人忠心地屈膝禱告，為司布真和他們的社區代求。司布真總是指著說：「這裡是教會的發電廠。」

在美國，約翰・衛斯理（John Wesley）和約拿單・愛德華茲（Jonathan Edwards）協助帶起 18 世紀的大覺醒，徹底改變

2　Howard and Geraldine Taylor, Hudson Taylor's Spiritual Secret (Chicago, IL: Moody, 2009). 中文版《屬靈的秘訣：戴德生信心之旅》，出版社：海外基督使團。

了美國文化，從罪惡蔓延轉變成具有感染力地追求認識上帝。他們的策略包含傳講神的道，同時呼召與聯合信徒一起投入真誠的、超乎尋常毅力的禱告。

多年來，不知有多少人在屈膝禱告時尋見神而經歷神，以上例子只是大海中的一瓢而已。

從聖經和整個基督教歷史皆可見，我們每一個人都被賦予禱告的能力與重要的豐富遺產。每個世代都需要勇敢的信徒，他們相信神所說的話，接下前人代禱的棒子，忠心地站在破口上禱告、尋求神的心意，繼續把這強大的遺產傳下去。我們盼望這本書的每一章都能更加深你跟神的關係，裝備你更親密地與神同行，同時使你為了神的榮耀，成為一名更委身、更有效的禱告勇士。

沒有哪個教會事工、宗教活動、政治主張或人道主義的理想，能超越神回應祂百姓禱告的可畏大能。倘若今天的信徒和教會都能效法聖經和基督教歷史上的偉大人物，開始大有能力而有效地禱告，會怎樣呢？假使我們決定與神恢復正確的關係，開始謙卑地尋求祂的面，憑信心祈求復興和屬靈覺醒，就像美國當年在第一次和第二次大覺醒期間的人那樣，會有什麼情況呢？神會藉著我們、藉著你成就什麼事呢？

你準備好為這禱告了嗎？

Pray 禱告時刻

父神，我來到祢面前，為上一代留傳下來的豐富禱告遺產獻上感謝。求祢將祢的聖靈澆灌在我身上，也澆灌在祢的教會中。求祢吸引我每天與祢更親密同行，願禱告對我越來越像呼吸一樣自然，也願祢藉著我的禱告動工，願我的禱告有助於祢的國降臨，願祢的旨意行在我心中、我家中，和我的世代中。奉耶穌的名禱告，阿們。

Question 問題討論

· 從本章談到的禱告傳承中，哪個聖經人物或基督教歷史上的人物，在禱告方面給你最大的激勵？

· 為什麼？

2

禱告的大能

我們爭戰的兵器本不是屬血氣的，
乃是在神面前有能力，可以攻破堅固的營壘。（林後十 4）

THE WEAPONS OF OUR WARFARE ARE NOT OF THE FLESH,
BUT DIVINELY POWERFUL FOR THE DESTRUCTION OF FORTRESSES.

綜觀現代歷史，運用壕溝戰[3]作為兵法的並不多，1860 年代在美國內戰期間，北軍和南軍都有將領開始用它作防禦策略。原因是火力的射程與速度已達某個程度，若採縱隊交互前進的進攻策略，恐怕會造成慘重傷亡。

但是一次大戰的機槍火力強大又迅速，致使交戰雙方別無選擇，只能向下挖壕溝，於是戰壕成了求生存的標準方式。在歐洲的西線戰事，交戰雙方開始出現由許多散兵坑串連成的網絡，從 1914 到 1918 年，協約國掘土成壕以抵禦德軍和同盟國的軍隊，殘酷的戰爭於是成了看不見盡頭的消耗戰。

戰壕的長處在於保護，但得犧牲移動力，進攻方的部隊即

3　又稱戰壕戰或塹壕戰，利用低於地面，並能夠保護士兵的戰壕進行作戰。

使嘗試進攻，還有鐵絲網和防禦工事的阻礙，很難長驅直入，幾乎不可能有任何一點突襲成分的進攻法，最佳進攻方式大概就是拋物線長程射擊。在種種條件限制下，好像不可能打敗敵人，只剩下無止盡的消耗戰。直到坦克車的出現。

英國在邱吉爾的領導下，開發出史上第一輛軍用坦克，是在農用牽引車底盤上打造一部配備武器的車輛，就像陸上行舟。鋼鐵與越野效能的組合立刻扭轉地面交戰的本質，從幾乎純防禦性操作，變成進攻式移動……，最終使整個戰爭翻盤。一想到能以雷霆萬鈞之勢主動出擊，同時移動中又有裝甲保護，昔日只能掘土挖溝的消極守勢就此終結。

禱告就是我們配備武器的坦克，當神的百姓採取禱告攻勢，「陰間的門不能勝過他」（太十六 18）。我們在戰爭中主要的攻擊武器，就是禱告。

使徒保羅當然是以禱告作攻擊武器的，在詳列「神的全副軍裝」（弗六 13）的各項裝備後，他提到屬靈爭戰中還有一樣和盾牌、劍、頭盔同等重要的武器，就是禱告，他說：「靠著聖靈，隨時多方禱告祈求。」（弗六 18）對他而言，禱告是前進的移動式武力，有如攻城槌，使他充滿動力前進追求實現神的旨意。下一節經文他接著說：「也為我祈求，使我得著口才，能以放膽開口講明福音的奧祕。」（弗六 19）禱告就是保羅在爭戰上引領他得勝的戰略。

其實他是在牢獄中寫下這些請求的，如「帶鎖鍊的使者」（弗六 20）。想想看，橫梗在他和持續任何服事的可能性之間，堆砌了多少冰冷堅硬的現實，他在禁閉的圍牆內仍發射禱告砲

火，炸開阻擋他投入下一個任務的一切障礙。就算戴著腳鐐手銬，仍要放膽視自己為自由之人，準備隨時投入神為你定的計畫……，一般人不是這麼想的，除非是禱告的人。

禱告能做任何事，因為在神「凡事都能」（太十九26）。禱告能延伸到地上任何角落處理任何人所面臨的任何問題，它能無聲地參戰，敵人完全聽不到在我們的腦袋和心裡，正與我們的大元帥進行改變生命的對話。

所以，這可不僅僅是屬於教會的一個無害的小小儀式，不是一個可憐的乞丐苦苦哀求他以為得不到的施捨。禱告裡有強大的力量，有進到全能上帝面前的通道，有祂確定的主權。禱告中的無懼，是仇敵再怎麼抵抗都奪不走的，除非我們自己拱手交出去——那就是不禱告。

「義人祈禱所發的力量是大有功效的。」（雅五16）同一節經文裡，雅各這樣說先知以利亞：「以利亞與我們是一樣性情的人，他懇切禱告，求不要下雨，雨就三年零六個月不下在地上。他又禱告，天就降下雨來，地也生出土產。」（17-18節）禱告意味著，無論擺在前頭的挑戰是什麼，我們都有一個終極的解決辦法：神施行神蹟的大能。

禱告提供一個無限上網的屬靈數據方案，意思是我們永遠不需要擔心會離開信號台的涵蓋範圍，聖經說我們能「不住地禱告」（帖前五17），且知我們所禱告的，神隨時都能聽得清清楚楚。禱告是接近那位創造全宇宙的上帝的特權，是由神的兒子付出流血的代價所買來的，誰接受祂作生命的主，誰就能白白獲得這份榮幸。

　　保羅說：「要凡事藉著禱告、祈求和感謝，將你們所要的告訴神。」（腓四6）如此必帶來不可思議的能量交流，我們不必一直背負重擔，被懼怕與憂愁淹沒，相反的，我們必得著「神所賜、出人意外的平安」（7節）。這種超越我們所能理解的平安，有如武裝部隊駐守在我們心思意念周圍──不妨稱它為治安官──保守我們情緒不被扭曲，以致因懼怕或絕望做出不當的選擇。禱告使我們能安息與倚靠。

　　禱告就像每天24小時全年無休的諮商時間，不需預約，直接走進諮商室必可找到你的保惠師──耶穌對聖靈的形容之一（約十六7），祂必定完全了解你的情況，隨時能傳授你智慧。即便那真理意味著要直接面對我們的罪，這真理也提醒我們基督的義，祂以恩典與憐憫遮蓋了我們一切的罪，同時也預告我們的仇敵必定敗落（約十六8-11）。在禱告裡不需要有任何隱瞞，那裡有完全的誠實、完全的自由、完全的赦免，和完全的把握。

　　禱告還不只如此──正如我們已知的和以下將看到的。因此，關於禱告的第一個觀察發現是：為什麼我們很少禱告？既然禱告能為我們帶來這多好處，為何有人選擇不禱告？

　　辛勤工作、做計畫、盡責，這些固然是有智慧的，都是迎向人生的好方法，若不加上禱告，以神的智慧與力量為那些品格情操增添活力，到頭來也是徒勞無益。禱告就是把神的無限能力，注入我們一切的努力和發自內心的真誠關懷之中。禱告是以神的永恆眼光看這些緊迫的短期問題，像是提供一個框架，讓我們看見就算是最猛烈的爭戰，仍是那麼短暫，而且我

們能承受得住、也打得贏。禱告意味著盼望，禱告意味著幫助，禱告意味著紓解，禱告意味著能力。

　　還意味著很多很多……。

—

Pray 禱告時刻

主，求祢赦免我有時不看重，或不相信祢賜給我在禱告裡的能力。我曾經嘗試用別的方法使事情發生，但往往證明效果不彰。父神，我想學習憑信心禱告，我想越來越親近祢，我想經歷那種信心與自由，完全相信祢、倚賴祢，並與祢一同爭戰。當我試著更多倚靠祢的時候，求祢指引我，訓練我，裝備我，使我成為大能的禱告勇士。在我身上榮耀祢的名，因我信靠祢。奉耶穌的名禱告，阿們。

Question 問題討論

‧以前你相信有屬靈爭戰嗎？你有經歷過嗎？

‧你曾在哪方面看到禱告大有功效？

3

禱告優先

我的禱告進入你的聖殿，達到你的面前。（拿二 7）

MY PRAYER CAME TO YOU, INTO YOUR HOLY TEMPLE.

在神為我們定的全權計畫中，已選擇「設立禱告」為策略，要我們「運用禱告」。禱告就像為我們靈命提供氧氣，又像揚帆出航所需要的風，持續推動基督徒做的每一件事，它也是開啟教會每一項事奉成功之門的那把看不見的鑰匙。

它讓作為神兒女的我們能跟天父互動，就像地上的兒女被父親疼愛那樣（太七 9-11）。禱告使基督的身體──教會與頭緊緊相連。它是基督的新婦和她的新郎之間的親密關係之鑰。在與神的契合相交中，人性的軟弱有神性的完美加進來。禱告太美好、太重要了，實在不能不做。神把禱告看作大事，我們也應該如此。

專心禱告不總是容易的，尤其手上有好多事得做時，還要停下來禱告是非常違反人的天性。在無數令人分心的思緒中要凝聚焦點，就得對我們的私心和自足說不，要在一位我們無法控制、憑感官看不見也聽不見的全能神面前謙卑下來，簡直有

悖常理。自己趕快想辦法解決，似乎比先停下來為事情禱告還要簡單得多吧？我們多半把禱告暫且擱置，留作危機時的緊急降落傘。

在禱告中進到一位全權的聖潔神面前，我們應該把這件事看得比什麼都重要，絕不可視為理所當然。我們非常需要神，祂以祂話語的能力從無有造出萬有，人手可從不曾憑空造出任何東西來。祂是完美的，天上、地上一切的權柄都在祂手中，我們有的卻是製造許多過失（路九 23；雅三 2）。神不倚賴任何事物，而我們每一天每一秒都得倚賴祂（約十五 4-5）。任何時刻、任何地方、任何事的任何細節祂全都知道（詩一百卅九 1-18），我們連明天會發生什麼事都不知道，甚至昨天做了什麼也已經忘記。

這就是為什麼凡事應以禱告為第一優先（提前二 1-8）。

耶穌總是把禱告列為最優先，門徒看見祂時常在私底下禱告，在公眾前帶著屬靈權柄說話行事。大概是因為看到耶穌這樣，門徒才會用這一問總結他們諸多的訓練要求：「主啊，求你教導我們禱告。」（路十一 1，新譯本）

祂也認為禱告是教會最重要的一件事，當祂把聖殿裡兌換銀錢的攤販趕出去時，教訓他們說：「經上不是記著說：我的殿必稱為萬國禱告的殿嗎？你們倒使它成為賊窩了。」（可十一 17）祂這出其不意的暴力舉動，淬煉出神的殿與神百姓聚集的中心要旨：信徒聚集是為了禱告。祂沒有說「我的殿必稱為證道的殿」，也沒有說是「唱詩的殿」、「佈道的殿」或「團契的殿」。那些事情固然極具價值也有其意義，但以禱告

為優先就表示以神自己為第一優先，意味著將神的活動的優先性置於人的活動之上。耶穌清楚知道，若不把禱告放在首位，反讓一切事物占據了教會的時間和精力，終究會喪失神同在的能力、祝福與馨香之氣。

然而，我們卻常常本末倒置，禱告反成了附加功能或事後才有的想法，這等於把我們自己的工作擺在神的工作之前。這將使教會走上一條漸漸僵死之路，無生命的敬拜、完備卻無力的證道，講給台下不冷不熱、心不在焉、罪債高築、表面融洽的會友聽。非常遺憾地，這正是許多教會目前的狀況，不是因為我們不用心，我們很用心、很努力、盡了全力，但問題的一部分正在此。神絕對無意要我們憑藉自己的智慧或力量，在這地上活出基督徒生命或達成祂要做的事。祂定的計畫是要我們務必倚靠聖靈，以禱告活出順服的生命。

如果我們能按下暫停鍵，悔改，將禱告移到家庭、日程表和教會生活的優先位置，那麼一切事都將被禱告點燃，因禱告而改變。就像是做菜前先點火，開燈前先把插頭插上，開車前先發動引擎。如果我們先謙卑自己，承認我們的罪，求聖靈充滿我們，在禱告中把自己交給祂，相信會有更好的敬拜、唱詩、團契、奉獻、佈道、分享，行事表現也會更好。

新約教會傳福音之所以滿有果效，必然與恆切禱告有關，在五旬節那天聖靈大能降臨以前，基督的門徒「都同心合意地恆切禱告」（徒一 14）。「恆切」一詞含有堅持做某件事、抓住不放的意思，那畫面就像是一名士兵緊跟著他的指揮官。

信實、忠實、忠誠、守衛。

　　聖靈降在他們身上，又帶領幾千人得救之後，眾信徒再一次「恆心」祈禱等等（徒二42）。甚至當教會出現一些問題，例如寡婦感覺自己被忽視，為此使徒立即選立合格的執事，請他們專責處理，又說：「但我們要專心以祈禱、傳道為事。」（徒六4）他們堅持這樣做。同樣的優先順序也深植在新設立的教會中，直到今天，神的道依然對我們的生活和我們的教會說：

　　「我勸你，第一要為萬人懇求、禱告、代求、祝謝。」（提前二1）「愛弟兄，要彼此親熱；……在指望中要喜樂；在患難中要忍耐；禱告要恆切。」（羅十二10, 12）「你們要恆切禱告，在此警醒感恩。也要為我們禱告……」（西四2-4）

　　無論到哪個轉角，都應該遇見禱告。

　　當我們禱告，後續結果就會開始出現，而且越來越頻繁。聖經明確指出這些事都跟禱告有關，所以不妨把它當作試映會，看看如果你們教會真正投入恆切禱告後會發生什麼結果：

○ **向世人傳福音**（西四3；提前二1-8）
○ **培育門徒**（路十一1-2；約十七）
○ **真實的基督徒團契**（徒二42）
○ **明智的抉擇**（雅一5）
○ **克服障礙**（可十一22-24）
○ **匱乏獲得滿足**（太六11；路十一5-13）
○ **真實的敬拜被點燃**（徒二41-47）
○ **帶來復興**（代下七14）

　　有鑒於此，請從恆切禱告的眼光看以下描述，是否會讓你

更明白初代教會的情形。當時的信徒生活包含遵行神的道、團契、擘餅，而把氣息吹入整個經驗之中的，是禱告。

> 於是領受他話的人就受了洗。那一天，門徒約添了三千人，都恆心遵守使徒的教訓，彼此交接，擘餅，祈禱。眾人都懼怕；使徒又行了許多奇事神蹟。信的人都在一處，凡物公用，並且賣了田產、家業，照各人所需用的分給各人。他們天天同心合意恆切的在殿裏，且在家中擘餅，存著歡喜、誠實的心用飯，讚美神，得眾民的喜愛。主將得救的人天天加給他們。（徒二 41-47）

我們都渴望待在有真實友誼、充滿愛心、尊崇神的名的地方，渴望神的能力在我們裡面並藉著我們生命被世人看見。讓我們祈禱，誠願這情形重現於基督的身體。會的……如果願投身於恆切禱告之中！

Pray 禱告時刻

父啊，赦免我們倚賴自己的智慧、力量、能量和點子，卻沒有住在祢裡面，也沒有先尋求祢。求祢幫助我們將一切阻礙我們追求祢美善旨意的事，全部推到一旁，幫助我們以禱告為優先，在我們個人生命、家庭和教會生活中恆切禱告。求祢使我們的教會真正成為萬國禱告的殿。主啊，再次復興我們吧。幫助我們靠祢的力量而行，將祢的偉大榮耀帶到我們這個世代。奉耶穌的名求，阿們。

Question 問題討論

・你認為教會為什麼很難把禱告擺在第一優先？

・如果你們的會友真的成為恆切禱告的人，將為你們教會帶來什麼改變？

Part 2 基本操練
Basic Training

4

為何：禱告的終極目的

你們奉我的名無論求甚麼，我必成就，
叫父因兒子得榮耀。（約十四 13）
WHATEVER YOU ASK IN MY NAME, THAT WILL I DO,
SO THAT THE FATHER MAY BE GLORIFIED IN THE SON.

總歸來說，一切禱告都是為了神的榮耀。凡是能使祂得著最大榮耀的，就是祂所能給予任何禱告的最佳回答。

「因為獨有他的名被尊崇；他的榮耀在天地之上。」（詩一百四十八 13）「凡稱為我名下的人，」祂說：「是我為自己的榮耀創造的。」（賽四十三 7）

榮耀這字眼我們常聽，也耳熟能詳，尤其在基督徒的敬拜中，可是它的意思我們不一定明白。希伯來文的榮耀帶有重量和重要性的意思，表示榮美與尊貴。「耶和華的榮耀」——聖經中重複無數次的語詞——就是當神顯現祂自己的能力，使我們一瞥祂是怎樣的一位神。多麼奇妙可畏的顯現，祂本身的無比重要性成為看得見的證據。當祂顯出祂的榮耀，就是將祂的身分揭開一小部分讓我們看——祂的本性、祂的聖潔、祂的能

力、祂的慈愛。

當然了，神有極重無比的榮耀，包括所有的形式和各種表達，充足完備。祂是聖父、聖子和聖靈的永恆存在，在祂本身之內、在三位一體的神格之內，是極其完全的，有完全的充足、完全的喜樂。祂什麼都不需要，一位擁有天上、地上所有權柄的神，當然不需要我們（羅九 20-24），因此我們存在的事實本身即見證祂的榮耀。祂能夠且願意選擇創造我們，這個事實加上我們能住在這世界、這宇宙之中，都顯示祂作為創造主的可畏榮耀，這是第一也是最重要的。宇宙銀河、日月星辰都在在顯示創造主的屬性，祂是可畏的、大有能力，而且無比威嚴榮美。其實它們的任務就是：「諸天述說神的榮耀；穹蒼傳揚他的手段。」（詩十九 1）

請注意看，在整個歷史上、整部聖經中，我們看到神開啟更多榮耀的特性顯明給我們，祂以出乎意外的全新方式，個別向人啟示祂自己。以亞伯拉罕為例，當神告訴他要將獨子以撒獻在祭壇上（創二十二）以前，他對神的認識僅止於祂創造，祂引導，祂信守承諾。在眼前這個挑戰的背景下，神即將揭開祂榮耀的一個新元素，令亞伯拉罕讚嘆不已。

從聖經對這次事件的記載，我們看到亞伯拉罕堅定地順服神：「你帶著你的兒子，就是你獨生的兒子，你所愛的以撒，往摩利亞地去，在我所要指示你的山上，把他獻為燔祭。」（創二十二 2）這個從上頭來的命令實在太不合理，他大可擺在一邊不予理會。以撒是那應許之子（創十七 21），是一個百歲老人和他 90 歲的妻子所生下的奇蹟嬰兒。想想看，經過 25 年

的等待，這盟約之子終於在驚奇中誕生了，神現在怎麼會命令亞伯拉罕把他殺了？這絕對沒有道理——或許在你生命中有些事一樣看似毫無道理。你不敢相信，你明明有禱告，居然還會發生這種事，神在做什麼？

他在思考神的榮耀。亞伯拉罕心中的期待是，如果他把以撒獻在祭壇上，神會使以撒再活過來（來十一 19），於是當耶和華的天使在摩利亞山上見到亞伯拉罕的信心，就阻止他下手殺以撒。這時，有一件關於神的未知之事突然喀噠被打開了，亞伯拉罕聽到旁邊樹叢中傳來一陣窸窣聲——原來是一隻公羊，羊角被樹叢纏住，亞伯拉罕捉住那隻羊，用牠來代替以撒，獻上為燔祭。神就是這樣生動鮮活地啟示祂自己是耶和華以勒，「耶和華必預備」的意思。祂為了某種原因隱藏這部分的榮耀，直到這一個完美的時間點才啟示出來，因祂知道這一刻亞伯拉罕必極其看重這啟示，並因而敬拜祂。

神或可再更早一點、用另一種方式，顯明或表現出祂是亞伯拉罕的供應者，但是祂選擇在這個時間用這個方式，好讓祂的榮耀一啟示出來就產生最大的影響力。

這就是神的模式，祂運用不同的情況，在你生命中並藉著你的生命，讓你一步步更認識祂的榮耀。

每一個禱告事項（以及每一個觸發一個代禱事項的狀況），其實都是給我們一個親身見證祂榮耀的機會，因為當祂應允所求的時候，就是祂正在動工的時候。祂希望我們看見祂是怎樣的神。祂必為我們預備，祂必醫治我們（王下二十 5），祂必扶持我們（詩五十四 4）。這一位的智慧勝過我們的智慧

（林前一 25），祂希望你知道祂是你的創造者、救主、神、供應者、保護者、朋友、保惠師……，也希望你因這一切存著充足的感謝之心敬拜祂。不只是口頭上的，更是發自個人的內心。

「神啊，將你的榮耀顯給我們看！」我們這樣禱告的時候，可以肯定祂必垂聽我們。

耶穌對拉撒路的兩個姊姊說，她們弟弟的病「乃是為神的榮耀，叫神的兒子因此得榮耀」（約十一 4）。祂刻意等到拉撒路死了以後才動身，好叫祂彰顯「復活與生命」，使世人認識祂可畏的大能（約十一 1-45）。到了那決定性的一刻，耶穌就向所有聽見的人顯出祂的大能。

保羅為帖撒羅尼迦教會祈禱：「叫我們主耶穌的名在你們身上得榮耀，你們也在他身上得榮耀。」（帖後一 12）彼得說，我們無論做什麼事，都是為了「叫神在凡事上因耶穌基督得榮耀」（彼前四 11），因為耶穌就是「神榮耀所發的光輝，是神本體的真像」（來一 3）。

當你為某件事禱告，祈求「叫父因兒子得榮耀」（約十四 13），請你預備好，祂必成就使祂得著最大榮耀之事。

當祂成就的時候，你最適當的反應，就是像亞伯拉罕一樣：敬拜祂。榮耀神就是這個意思——感謝讚美祂所顯明的屬性和關於祂的啟示，以此來尊崇與尊榮祂。神使大衛經歷許多事情，藉以顯明祂「是有憐憫有恩典的神，不輕易發怒，並有豐盛的慈愛和誠實」（詩八十六 15），和祂向摩西顯明的

相同（出三十四 6）。面對此一啟示，大衛的反應是「主我的神啊，我要一心稱讚你；我要榮耀你的名，直到永遠」（詩八十六 12）。

　　這又帶來第二種反應：將神所成就的事告訴別人。大衛勸勉神的百姓「要歌頌耶和華的作為，因耶和華大有榮耀。耶和華雖高，仍看顧低微的人；他卻從遠處看出驕傲的人」（詩一百卅八 5-6）。保羅說神恩典的啟示應使「感謝格外顯多，以致榮耀歸與神」（林後四 15），這樣別人也能看見，稱頌神在祂百姓中的作為，並將榮耀歸與神。所以，當神應允禱告，我們要大大宣揚祂已經成就的和正在做的事，這就叫做將榮耀歸與祂。禱告的一切意義與作用，其最大的功效和最大的喜樂，就是讓我們這些蒙愛的兒女，有分於榮耀祂的名。榮耀都歸與神！

Pray 禱告時刻

主，國度、權柄和榮耀都歸與祢，直到永遠。求祢赦免我尋求自己的意思和心願過於祢的榮耀。我一直在找我認為祢應該要做的事──換作是我的話，我會怎麼做。然而，祢已經讓我看見，有好多事面臨危險關頭。祢完全知道祢在做什麼，祢的道路高過我的道路。主，我真正想要的，是祢在我的生命中得榮耀，最大的榮耀，你那極重無比的榮耀。主，求祢在我心裡動工，在我遭遇的每一個情況中動工，好讓祢得到最大的榮耀。奉耶穌的名求，阿們。

Question 問題討論

· 什麼是神的榮耀？

· 你見過藉著禱告蒙應允，使神得榮耀嗎？

· 神曾經藉著回應你禱告的方式，向你顯明祂的什麼屬性？

5

什麼是禱告，什麼不是

但是，耶和華啊！……我向你禱告。（詩六十九 13，新譯本）

AS FOR ME, MY PRAYER IS TO YOU, O LORD.

禱告的重點不是在於祈禱……就像一支手機的重點不在於手機本身，而是作為連絡關係的管道。如果我們把手機貼近耳朵，卻沒有跟任何人連線，就不是照它被設計的用途來使用。同樣地，你可以進行一些或許看起來像禱告的活動，假如沒有真正跟神連上線，就不是真的在禱告。

坐下來閉上雙眼試圖放空，這不叫禱告。不知為何「靜默」被用來取代公眾禱告，可能是為了討好敏感的人權團體，但那也不算是禱告。

重複無條理的話也不叫禱告；盤腿誦念經文不叫禱告；點根蠟燭，心裡常念著某人，這些其實都不是禱告。你可以在教堂裡屈膝低頭閉眼，甚至開口像在祈求什麼，若你做足表面功夫只是要表現給人看，不是真的在向神說話……那也不是在禱告（路十八 10-14）。是的，人們可以在祈禱的同時，做各種傳統上稱為禱告的形式，但是單做那些事並不會自動變成禱告。

　　禱告的核心，是與神溝通，心存敬畏且真誠地敞開。與那全宇宙的榮美上帝直接互動，祂的存在是真實的。

　　這基本的提醒仍是需要的，事實上，我們會憑自己的表現自欺，或是忘記我們是在祂面前禱告。要知道，在祂面前俯伏禱告的這一位，使徒約翰於啟示錄中如此描述：「他的頭與髮皆白，如白羊毛、如雪，眼目如同火焰，腳好像在爐中鍛鍊光明的銅，聲音如同眾水的聲音。他右手拿著七星，從他口中出來一把兩刃的利劍，面貌如同烈日放光。」（啟一 14-16）

　　約翰一看見祂「就仆倒在他腳前，像死了一樣」（17 節），當下他的直接反應是充滿敬畏的敬拜，畏懼。儘管耶穌用手按著他說「不要懼怕」，事實仍在——迄今仍不變，祂絕對是威嚴尊榮、令人驚懼的。

　　倘若我們能了解進到全能神面前究竟是什麼意思，就不敢心不在焉，也不至於猛打瞌睡了。我們會完全儆醒、又感動不已。所有的注意力都被攫取，驚豔，甚至無法言語。當祂話語一出，我們會謙卑下來，充滿敬畏，也會留意每一個從自己嘴裡吐出的字。

　　舊約聖經中，僅少數蒙神揀選的僕人有機會親身經歷祂可見的同在。摩西蒙神呼召上西奈山又進入會幕，百姓只能站在外面觀看。進入神同在中是如此神聖，百姓都曉得與神相會是多麼嚴肅的一件事。

　　我們也必須了解，在這時代，禱告同樣是件嚴肅的事。我們能獲得禱告的特權只有一個原因，我們的大祭司——耶穌猛

烈地以自己的血背負了我們的罪，「升入高天」打開到天父那裡去的入口（來四 14）。

古時以色列人興建聖殿時，蒙神指示須以厚厚的幔子隔開內殿與至聖所，在幔子後方是祂的臨在造訪之處。只准許大祭司一年一次進入幔內，就是在贖罪日那天。耶穌——我們完美的大祭司——是無瑕疵的神羔羊，只有祂所獻的祭配得，只有祂所付的罪的工價被接納了。在祂死亡的那一刻，聖殿裡那厚重的幔子「從上到下裂為兩半」（太二十七 51；可十五 38；路二十三 45）。其結果，藉著基督為我們贖罪的血，凡是憑信心接受祂的赦罪之恩的人，因著祂恩典的緣故，都被邀請來靠近神，「是藉著他給我們開了一條又新又活的路，從幔子經過」（來十 20）。

耶穌是我們的中保，是我們與神之間的中間人。祂就像是隔絕高壓電的保護層、包覆電線的絕緣皮。在那保護層底下的咒詛電力一點點就足以致命，但因為聖父選擇差聖子來到地上，活出無罪的生命——耶穌在肉身中，能被看見、摸得著也感覺得到——我們能面對神的聖潔之火全靠基督的血作保護層。現在我們「因耶穌的血得以坦然進入至聖所」（來十 19），因神的同在而蒙福，不致因得見神的面而不能活命（出三十三 20-23）。

我們兄弟倆曾經有個機會接受救火訓練，是跟本地的消防隊一起作模擬演習。我們照消防員那樣接近猛烈危險的火災現場，被高達華氏幾百度的熱氣包圍，儘管如此卻毫髮無傷……因為我們從頭到腳都穿著防護裝備，能頂得住那可怕的高溫。

是的，「我們的神乃是烈火」（來十二 29），以我們有罪的本性接近祂，就像一根冰棒接近太陽一樣。我們務必永遠記得，祂遠比我們更高、更廣、更大。但因為耶穌，這位大祭司能「體恤我們的軟弱」，因為「他也曾凡事受過試探，與我們一樣，只是他沒有犯罪」（來四 15），加上作為信徒的我們已穿上祂的義。

惟因藉著基督，我們與神同在是安全的。

我們應將禱告視為這兩個真理之間健康的張力，禱告就是同時經歷神的超越性與親近性。祂超越我們的理解，超乎所有想像，卻又比空氣更靠近。所以聖經作者常邀請我們禱告，「我們只管坦然無懼地來到施恩的寶座前」（來四 16），在祂裡面，我們偉大的神同時也是我們偉大的朋友。

這就是我們的起點。

接下來是我們要去的地方。為了嘗試濃縮出最基本的要素，看看禱告是什麼，所以就找出這個實際的定義。我們無意說這是最佳總結方式，或許你能研擬出一個更好的定義。以下是我們要分享的這三句話，希望對你的屬靈生命會有幫助。

什麼是禱告？

禱告就是與神交通，為了……

1. 親密地認識、愛和敬拜祂。禱告是關乎彼此相愛的雙方，親密地分享與相交，「我們在天上的父，願人都尊你的名為聖」的禱告動能就在這裡——關係與敬拜。禱告是持續的，藉此每一天可以更認識神、更深了解祂是誰和祂所做的事。我

們越認識祂、經歷祂，對祂的崇敬與愛慕就越增長，雖永遠無法與祂對我們深厚的愛相比（詩六十三 3-4）。保羅在以弗所書為教會禱告，求神使他們「能以和眾聖徒一同明白基督的愛是何等長闊高深，並知道這愛是過於人所能測度的，便叫神一切所充滿的，充滿了你們」（弗三 17-19）。認識祂和愛祂使我們敬拜祂，對於神臨在的自然反應，是敬拜、尊崇與愛慕、奉獻與喜悅、甘心順服。這把我們帶向禱告的另一個目的。

2. 了解祂的旨意與道路並遵行。禱告不只是改變事情；禱告會使我們改變。當我們禱告，神就把祂的旨意與道路指示我們，我們要將心意和思想對準祂，順服祂大而可畏的主權。基督是「教會全體之首」，配得「在凡事上居首位」（西一18）。我們不是求祂按著我們的需求配置，不是！我們要將自己完全交給祂，順從祂的權柄。如耶穌教導的禱告：「願你的國降臨，願你的旨意行……在我裡面、行在我生命中。」我們跟從祂的引導，「羊也聽他的聲音。……他在前頭走，羊也跟著他，因為認得他的聲音」（約十 3-4）。我們投入越多時間到神面前，就會變得越謙卑無私而越像耶穌。「我們眾人既然敞著臉得以看見主的榮光，好像從鏡子裏返照，就變成主的形狀，榮上加榮，如同從主的靈變成的。」（林後三 18）

3. 接近與擴張祂的國度、權柄、榮耀。當我們禱告「今日賜給我們……不叫我們遇見試探……救我們脫離……」，就是在尋求神國的資源，祈求祂施展大能，祈求祂在我們的處境中顯出祂的榮耀。神的無限大能可達成任何事情。同時，我們不只領受，更尋求擴張。當我們先求祂的國，其他許多事就

一一就位（太六 33）。我們為一些事祈求，好讓其他人因此降服祂的權柄，也因此將祂名當得的榮耀歸給祂。主禱文的最後一句——「國度、權柄、榮耀都是你的，直到永遠」（太六13），可不是僅供教會儀式使用，它提醒我們，神擁有一切、掌管一切、配得一切，「因為萬有都是本於他，倚靠他，歸於他。願榮耀歸給他，直到永遠。阿們！」（羅十一 36）禱告使我們擁有價值連城的特權，不僅得以更認識全能的神，更能加入祂已在萬民中進行的事，更為了祂的榮耀。

神已經藉著「救贖我們的生命、赦免我們的過犯、把我們歸入祂的基業裡，又賜給我們聖靈」，使我們能夠向祂禱告，這些事都包含在以弗所書第一章，那裡說明我們在基督裡的身分。祂已使我們可支取所需的一切資源——「按著他豐盛的榮耀」（弗三 16），叫我們心裡的力量剛強起來，這樣，我們便能完全得勝並在大能中事奉祂。在禱告中與這位將豐盛的恩福厚厚澆灌下來的神相交，我們敬拜祂，感謝祂，聆聽、學習與事奉。藉著基督，我們得以不斷地接近祂，同時能夠知道，我們將整個生命獻給那真正要緊的事。

再次重申，禱告不是關於禱告，是關乎那一位——就是神自己。若我們變成只是為了取得神的供應或保護，而非為了認識神、討祂喜悅，那就是偏離軌道了。當我們禱告的唯一目標是活在與祂的關係中，一對一的關係，祂會使禱告有助於經歷祂的旨意、祂的計畫、祂的供應、祂的保護，和祂有意達成的一切事。

一切榮耀全都歸與祂。

P_{ray} 禱告時刻

父神，幫助我以後絕對不可忘記禱告就是進入祢可畏的同在裡。幫助我不是因為責任或不必用心，也不是反覆講一些乏味的話，求祢使我帶著敬拜、愛慕和真正渴望親身經歷祢的心，來到祢面前禱告。幫助我放下自己的主張和自信問題，讓我心無旁騖地單單對準祢的旨意。願祢的國藉著我的心、我的家，暢通無阻地降臨，無論祢要帶領我往何處去，我都跟隨。

$Q_{uestion}$ 問題討論

· 你可曾見過禱告幫助某人認識神、愛神和敬拜神？更了解並遵從祂的旨意和道路？

· 或是接近並擴張祂的國度、權柄和榮耀？

6

何謂：禱告的類型

我勸你第一要為萬人懇求、禱告、代求、祝謝。（提前二 1）

I EXHORT FIRST OF ALL THAT SUPPLICATIONS, PRAYERS, INTERCESSIONS, AND GIVING OF THANKS BE MADE FOR ALL MEN.

為了說明不同類型的禱告，多年來早已有人開發出許多創意的點子和方式，以下將採用縮寫字「行動」（A. C. T. S.）來說明禱告的類型，這是多年前我們向別人學來的，分別代表：愛慕（Adoration）、認罪（Confession）、感謝（Thanksgiving）、懇求（Supplication）。

任何時刻的禱告似乎都可以歸入這四大類，假如你希望跟神的關係保持暢通，長期來講，每一類型的禱告都應該融入你的禱告中。

這並不是嚴格的規定，神給我們自由視需要進出這些禱告領域。你來到神面前禱告時，可以只用一種或整合四種類型。這四大類型可提供一個有用又自然的進程與神互動。

1. 愛慕。就是讚美敬拜神的禱告，祂完全配得我們一切的

讚美。在愛慕的禱告中，不一定心裡有所求；單單只想真心地愛慕祂、尊崇祂。

我們每一個人受造都是為要讚美祂，也都蒙召用生命讚美祂（弗一 5-6；來十三 15）。詩人寫道：「凡有氣息的都要讚美耶和華！你們要讚美耶和華！」（詩一百五十 6）耶穌不但以禱告讚美祂的天父，也把讚美列為我們禱告的第一優先，祂所設的禱告範例第一句就是「願人都尊你的名為聖」（太六 9），承認神是神聖的，將之擺在第一和中心位置，祂是全然純潔又完美。

詩篇一百五十篇挑戰我們在任何可能的時間，各種類型的地方，以一切可能的方式讚美神。希伯來文的哈利路亞其實是命令：哈利路（讚美）亞（耶和華）！這是邀請我們享受與神交通並向這位極其美好的神表達我們的讚嘆。不妨當作為了永恆的練習。

我們每一個人都是為了敬拜而設計的，我們會把全副心思、注意力、金錢、時間和服事獻給我們最看重的對象。用口和生命全心全意地敬拜神時，就是以最棒的方式為最美好的神做最美好的事。當我們在心中默默地愛慕祂，當我們開口宣揚祂的美善，或是唱出敬拜的祈禱，「因歌頌我們的神為善為美；讚美的話是合宜的」（詩一百四十七 1）──當我們在愛慕中禱告，就不再把焦點擺在自己身上和所經歷的風暴上，轉而開始定睛注視那完全能夠掌握任何情況或任何請求的獨一真神（林後三 18）。

當你查考聖經中的讚美時，會注意到人們用這些方式向神

表達讚美之情：

○ 提醒祂是怎樣的一位神：

祢是創造我們的；祢是大而可畏的；祢是萬有之主。

○ 述說祂成就的事：

祢拯救了我們；祢保全了我們的性命；祢已為我預備。

○ 承認祂的神聖：

沒有神像祢；祢比任何一切更大、更美、更高、更有能力。

○ 因祂的名而歡喜：

我們高舉祢的名；我讚美祢的名；我們尊崇祢的名。

○ 交出控制權：

我愛祢，而且要把我一生獻給祢；我降服於祢；我所是與所有一切全屬於祢。

你在禱告時有多常讚美神呢？你是否常常暫停祈求，轉而開始稱頌祂呢？你有沒有時常停下來讚嘆祂的不可思議，讚美祂是宇宙中最美好的？

我們在讚美中驚嘆祂的威嚴榮美何等真實。我們想起祂的完美、能力和精準無誤。我們承認祂高過我們，祂竟選擇與我們親近。所以，我們沐浴在祂溫暖的慈愛中，揚聲敬拜祂；當我們以讚美神為優先，就能夠更適當地看待人生百態。

2. 認罪。就是誠實面對罪的問題。若要親近祂且看見禱告的果效，就必須與神保持正確關係和維持清潔的心。我們是罪人，在許多事上都會有過失（雅三2），除非我們老老實實地承認在生命中任何未處理的罪，從那些罪行中回轉，否則就是

沒有準備好事奉祂或向祂祈求。只要我們認罪悔改，「得赦免其過、遮蓋其罪的，這人是有福的！」（詩三十二 1-2）

神的道、祂的靈，和你的良心，都會顯出你所做的不敬神的事，或你應該做卻沒做的善事（雅四 17）。幸好，神已藉著基督的十字架，為所有人提供一條得蒙赦罪的方法。祂揭露我們裡面的罪不是為了定罪，是要讓我們離開罪惡，回轉歸向祂獲得潔淨（約三 16-17；徒三 19）。我們會一再碰到試探把罪合理化、否認它，或索性執迷不悟。那裡面沒有真正的自由或喜樂，只有空虛和不願見到的後果。「我們若說自己無罪，便是自欺，真理不在我們心裏了。我們若認自己的罪，神是信實的，是公義的，必要赦免我們的罪，洗淨我們一切的不義。」（約壹一 8-9）這就是為什麼耶穌給我們的每日祈禱範例之內也包含這一句：「赦免我們的罪，好像我們饒恕了得罪我們的人。」（太六 12，新譯本）

大衛王被當面指出與拔示巴姦淫又謀害她丈夫之後，做了一個激動的認罪禱告，他說：「求你將我的罪孽洗除淨盡，並潔除我的罪！……我向你犯罪，惟獨得罪了你。」（詩五十一 2, 4）另一次他見證說：「我向你陳明我的罪，不隱瞞我的惡。我說：我要向耶和華承認我的過犯，你就赦免我的罪惡。」（詩卅二 5）禱告是天天行在光明中的機會（約壹一 5-7），天天誠實、天天處理自己的黑暗面，向祂坦承——也對自己坦承，承認神早已知道實情的事。如果神說某件事錯了，我們就要打從心底贊同祂的看法。

聖經裡反覆出現的一個詞：在祂面前「傾心吐意」（詩

六十二8），我們應該自由地來到這位憐憫、日日都更新的神面前，祂是信實的，必潔淨我們，醫治我們，恢復與我們相交的關係。你的坦承認罪不僅將得到祂完全的赦免，也會幫助你放掉鎖鏈，行在未來更大的自由中。

3. 感謝。就是照著神的指引、謙卑地表達感恩。讚美的焦點較多在於祂是怎樣的一位神，感謝則是凸顯祂已成就或正在做的事。就像為人父母因兒女懂得感謝而歡喜，我們也應該「以感謝稱他為大」（詩六十九30），因知我們衷心的感謝會令天父大大歡喜。感謝是極其寶貴的，卻不花我們分毫的代價，只是獻上「承認主名之人嘴唇的果子」（來十三15）。

不懂感恩的代價非常高昂，實際上是惡毒的罪（羅一21；提後三1-5）。從不知感恩的心會生出嫉妒、貪心、私慾、埋怨、偷竊、猜忌、貪婪。不知感恩的人幾乎碰到任何情況都酸言酸語，很容易發牢騷，抱怨，永遠不會好好享受他們所擁有的，總是欲求不滿。

這是為什麼神著重培養我們有一顆感恩的心。祂的話語吩咐我們（帖前五18），祂的作為要求我們（詩一百零六47），祂的靈啟示我們（林前二11-12）。神的恩典幫助世上任何地方的任何信徒，能夠在任何情況獻上感恩（詩一百一十八21）。「凡事都是為你們，好叫恩惠因人多越發加增，感謝格外顯多，以致榮耀歸與神」（林後四15）。

不管人生遭遇什麼痛苦和問題，每一個人都有可感謝的事。神的話語告訴我們要「凡事謝恩」（帖前五18），「凡事要奉我們主耶穌基督的名、常常感謝父神」（弗五20）。

不論多麼糟糕的事，聖經吩咐我們應該「滿有感謝的心」（西二 7，新譯本）。但是，怎麼做？

這就要回到神不變的本性了，我們所讚美祂的一切特性也創造出感恩的背景。儘管這世界漸漸黑暗，祂的話語應許祂的慈愛良善永不改變。我們永遠有理由表達感謝，因為祂永遠藉著萬事（即使壞事）動工，為了使愛祂的人得益處（羅八 28-29）。縱使所有的邏輯都說明沒有半點可感謝的事，祂過去的信實和未曾間斷的看顧，還有祂愛子的犧牲都再次提醒我們，若不信靠祂，那才是荒唐。無論何時都要滿懷感恩。當我們回顧祂為我們成就的事——除了神蹟以外，無法有其他解釋，祂行事安排的時機無懈可擊——從日出之地到日落之處，都可見祂的信實何等廣大。

想像如果你是當奴隸的約瑟，在獅子坑的但以理，被歌利亞辱罵的大衛，或是看著耶穌被釘十字架的馬利亞，請捫心自問：「我可以怎樣為此感謝神？」在每一個像這樣的黑暗痛苦時刻裡，神一直奇妙地動工使他們得益處，藉著這些環境的細節使祂大得榮耀。我們也能憑信心時常獻上感謝的禱告，黑暗只是暫時的，救恩、祂的聖靈、祂的話語、祂的慈愛……都是永恆的。就算過去神沒有為我們做其他任何事，祂已經成就的，足夠讓我們活一千遍也感謝不盡。

4. 懇求。就是跟神求一樣東西，意味著切切地祈求、請求，或懇請祂為你或別人做或供應一件事（弗六 18），聖經說：「你們得不著，是因為你們不求。」（雅四 2）

耶穌對門徒說：「你們祈求，就給你們；尋找，就尋見；

叩門，就給你們開門。因為凡祈求的，就得著；尋找的，就尋見；叩門的，就給他開門。」（太七 7-8）神已邀請──甚至可說是命令──我們來禱告，來尋找就必尋見。

在這四種禱告類型裡，不妨照聖經的智慧將懇求擺在最後。當我們先從愛慕神開始，接著承認我們的罪，然後感謝祂所做的事，至此我們的心更加純潔而準備好憑信心懇求了。

有一種很重要的懇求形式，就是代禱，代禱含有為別人的一件事請求神介入的意思。代求是你所能為別人做的最有愛心的事了。當神即將審判以色列之際，摩西代求，祈求神的憐憫；當哈曼謀劃滅絕猶太人，以斯帖先代禱，再以政治手段為猶太百姓代求，拯救了她的民族。聖經說耶穌在父神右手邊為我們代求（羅八 34），聖靈正在信徒心中照著神的旨意為我們代求（羅八 27），我們也必須學習為別人禱告。

「行動」（A.C.T.S）──愛慕、認罪、感謝、懇求。不需要每一次禱告都包含這四類型，有時你需要直接切入重點，像彼得那樣呼求「主啊，救我」（太十四 30），或是像耶穌說「父啊，榮耀祢的名」（約十二 28），這樣就夠了。

不過，若你仔細想想來到神面前的時光，有沒有時常用上四種類型編織成你的禱告？還是偏重某一方面，其他幾乎沒有？請開始找到平衡點，學習深入這四種禱告吧。全部用上，它們能使你的禱告經歷更豐富、更完整。

Pray 禱告時刻

天父，因祢的名為聖，配得尊崇，我要讚美祢。祢是我的神，我要敬拜祢，願祢在我身上榮耀祢自己。求祢鑒察我裡面有沒有任何不討祢喜悅的地方，求祢潔淨我。赦免我的罪，如同我饒恕別人得罪我的事。感謝祢在我生命中的供應、保護和信實。感謝祢邀請我每天到祢面前。主啊，教我禱告，訓練我喜樂地低頭敬拜祢，自由地向祢承認我每一個罪、所有的罪。我以一顆謙卑的心感謝祢，為我自己也為我身邊親近的人做這個禱告。神啊，一切榮耀都歸與祢！奉耶穌的名求，阿們。

Question 問題討論

‧什麼叫愛慕？什麼叫認罪？什麼叫稱謝？什麼叫懇求？

‧你最常作的禱告是哪種類型？最少作的又是哪一種禱告？

‧這些類型如何一起發揮作用？

7

什麼是神對禱告的應允？

我曾尋求耶和華，他就應允我。（詩三十四 4）

I SOUGHT THE LORD, AND HE ANSWERED ME.

神確實會回應禱告。這可不只是個標語口號，「凡祈求的，就得著」，這是耶穌說的（太七 8）。不過就像慈父也會過濾子女的請求，照樣，神會從祂完美旨意的角度思考我們所求的事。祂的回應往往證明好過我們所想要的。

祂確實應允禱告，以祂滿有智慧的方式，目的是顯出祂的榮耀。「他未嘗留下一樣好處不給那些行動正直的人。」（詩八十四 11）「神既不愛惜自己的兒子，為我們眾人捨了，豈不也把萬物和他一同白白地賜給我們嗎？」（羅八 32）

事實上，如果你把神對禱告的回答全部抽出來，放在更亮的屬靈光線下看，你會很驚奇地發現，神以各種變化的方式應允禱告。一般來說，祂對禱告的應允可分成五種形式，以下就一一來看。

1. 立即應允。有時當我們禱告，所求的與祂的旨意、祂

的時機完全相符，祂就立即應允。我們禱告的當天，祂就應允了，有時候，神的應允甚至更快……因祂說：「他們尚未求告，我就應允。」（賽六十五 24）想一想亞伯拉罕的僕人，他帶著為少東以撒找妻子的任務出去，他跟神祈求說：「使我今日遇見好機會。」（創二十四 12）他希望出現一個明確的徵兆，使他立刻得知是哪個女孩預定作以撒的妻，「話還沒有說完」（15 節），名叫利百加的女孩就出現了，他的禱告獲得應允，這女孩為他打水給駱駝喝，後來成了以撒的愛妻。

這代表什麼？亞伯拉罕的僕人還沒禱告以前，利百加就走出家門，朝井旁過來了。不但如此，從她所表現的那種儀態氣度，證明她就是他在找的人選，也是她從小到大培養出來的。為著這次神聖的相會，神早就開始預備她了。神完全不受時間的限制，祂可能在你開口禱告的十年以前，就開始應允你要祈求的事了。祂可能現在已經在預備你有一天會禱告的事。經歷立即的應允永遠是一件令人歡喜快樂的事。

2. 等時候一到就應允。不應該把延遲解釋為拒絕。如果一個 9 歲的女孩子看到一件新娘禮服，就懇求媽媽給她，她可能會得到「不」的回答，那其實更像是「好的，小寶貝，我會給妳一件新娘禮服的，但不是現在，妳還沒準備好呢」。

祭司撒迦利亞一直求神給他一個孩子不知多少次，他的妻子仍舊不孕。多年過去，希望都落空了，兩人年紀老邁早就過了生育的階段。有一天，撒迦利亞在聖殿裡事奉，突然聽見天使宣告：「你的祈禱已經被聽見了。你的妻子伊利莎白要給你生一個兒子。」（路一 13）有可能他上一次作那禱告已是幾

十年前的事，當他以為神的回應是「不行」，結果神一直在幕後動工，等到更完美的時刻才揭開祂那令人驚嘆的「好」。

想想在埃及被誣賴入獄、吃盡苦頭希望被釋放的約瑟；想想整部舊約中以色列百姓的呼求，引頸期盼那應許的彌賽亞到來；想想使徒約翰的祈求引起我們的共鳴：「主耶穌啊，我願你來！」（啟二十二 20）──渴望神在榮耀中顯現，施行祂最終的拯救，將我們帶到天上與祂同在。是的，祂必做成這事，但或許不在今天。今天祂要給我們的，如果我們願領受的話，是那等候直到適當時刻到來的信心與耐心。這就是為什麼我們永遠不應該讓昨天似乎未蒙應允的祈禱，阻止我們今天再次禱告，以及明天憑同樣的自由與信心繼續祈求。

3. 應允是因為要讓你學到功課。有時候神覺得我們可以吸取教訓，決定直接就把我們所求的給我們，因知我們有時真的並不知道自己在求什麼。以色列百姓看周圍各國都有王統治，他們便覺得相形見絀，要求領袖撒母耳給他們一個王。撒母耳設法告訴他們神的回應，他們的兒女將會被徵召去供王使喚，他們要納稅給王，王也可以隨心所欲奪走他們的東西，不必有正當理由，「那時你們必因所選的王哀求耶和華，耶和華卻不應允你們。」（撒上八 18）他們依舊不肯聽，「不！我們想要一個王治理我們！」於是王就給他們掃羅王──神所預告的情況全部成真。

我們最好還是相信祂會給我們所需要的，在我們需要的時間、當我們準備好的時候。有時倘若祂真把我們所求的賜給我們，難保有天我們不會後悔。如此，我們更要感謝祂說

「不」，我們應該學習像耶穌那樣禱告，自由地在禱告最後補上一句：「然而，不要成就我的意思，只要成就你的意思。」（路二十二 42）

4. 不應允是因為你的心態不對。雅各說神遲遲不應允的原因，不一定只是時機未到的問題，有時「你們求也得不著，是因為你們妄求，要浪費在你們的宴樂中」（雅四 3）。假如我們所求的其實是為了私慾、貪心、憤恨或驕傲，神就會給否定的答案，以防止我們被那有毒的祈求所傷害，或犯了拜偶像的罪。

箴言第一章說：「那時，你們必呼求我，我卻不答應，懇切地尋找我，卻尋不見。因為，你們恨惡知識，不喜愛敬畏耶和華。」（28-29 節）他們的態度和行為——內心的真實狀況——阻礙了他們的呼救，使幫助遲遲無法抵達。如果他們準備好聆聽神，如果他們願意悔改，情況就會大大的不同。

聰明的父母懂得適時收回孩子珍視的特權，好讓孩子真正知錯。他們不打算永遠說「不」，他們明白自己的兒子或女兒如果沒有處在感恩的狀態，不會珍惜那特權或不會善用，現在給只會使情況更糟。因為神愛我們，祂也會出於同樣的理由說「不」。別忘了，要不是神的旨意，你不會真的想要，如果你知道神所知道的一切，你就不會求祂給你了。

5. 不應允是因為祂有更好的計畫。有時我們求的事太小了，被我們有限的知識侷限，沒能跳脫已見和已知的經驗，我們祈求少少的一點，神卻想要給我們一屋子。

在畢士大池邊，那裡躺著許多病人祈盼搭上神祕潮汐獲得醫治，希望水動的時候能設法進入池子。有個癱瘓的病人遇見耶穌，耶穌單刀直入地問「你要痊癒嗎？」（約五6）。這男人只能想到他需要有人搶先把他放進池子，而耶穌對他說的話，講白了就是我當場醫治你不好嗎？「起來，拿你的褥子走吧！」（8節）神決定賜予這名病人超過他所求的。

馬大因耶穌原本可以醫治拉撒路的病，卻延遲抵達有些不悅，對耶穌說：「主啊，你若早在這裏，我兄弟必不死。」（約十一21）耶穌知道使他的朋友從死人中復活的方式應允禱告會更好，也能更加榮耀神。

在這個情況裡，祂的回答就技術上其實是「不」，卻很難不稱它為「超大的好」，是升級版的應允。我們可以做很大的禱告，因知祈求遠超過我們能力所及的，或許神會選擇成就使我們大為驚奇、完全嘆服的事。這就是為什麼可以這樣禱告：「主啊，求祢在這情況裡成就超過我所求所想的事，可以嗎？」因為我們知道祂完全能夠做到（弗三20）。

你祈求病得醫治的那人終究會死，你希望拿下的工作跟你擦身而過，你渴望結婚生幾個孩子的心願可能不會實現。請你繼續憑信心求，直到獲得最終答案，若最終沒有獲得你所希望的答案，你仍能倚靠神的靈把你托住，祂是全知又仁慈的神。祂永遠使萬事互相效力，叫愛神的人得益處（羅八28）。你可以祈求且有充分把握知道祂所供應的，必準確符合你的需要。

不要忘記，許多時候我們之所以未能得著祂所賜的東西，

只有一個原因，是我們一開始就沒有向祂求（雅四2）。即使有5成的祈禱神會說「不」或「還不行」，我們仍然不應該因此停止向神祈求，因為還有其他5成的祈禱會聽到祂回答「好」！

Pray 禱告時刻

父神，從前我總是預設祢大概沒在聽我禱告，即使有，祢八成也會說不。今天我來到祢面前低頭祈禱，比以前更加確信我是在祢智慧、慈愛、眷顧、大能的手中。我相信我能夠倚靠祢，相信每一個「不」其實是成就更棒的「好」。祢說祢不留下一樣好處不給那些愛祢的人，感謝祢讓我求，感謝祢讓我知道祢的渴望才是真正對我有益的。願我更加信靠祢，以更大的信心向祢禱告，因知祢希望藉由應允祈求而得著榮耀。奉耶穌的名禱告，阿們。

Question 問題討論

‧請描述有一次你看到禱告立即蒙應允的經驗。

‧有沒有等了很多年才蒙應允的經驗？

‧教養子女的經驗如何幫助你了解神回應禱告的方式？

8

何時：排定時間禱告

他既辭別了他們，就往山上去禱告。（可六 46）

AFTER BIDDING THEM FAREWELL, HE LEFT FOR THE MOUNTAIN TO
PRAY.

人生總有一些事會引發你禱告的動機，可能是碰到危機、懷抱一個盼望，或是覺得快被恐懼感淹沒時。即便如此，你也應把禱告排入每天的日程表，不只是在用餐前或就寢前禱告。我們這裡講的是特別排出一個時間，把焦點集中在神和祂與你的關係上。本章的目標就是：排定時間禱告。

帖撒羅尼迦前書五章 17 節鼓勵我們「不住地禱告」，意思是絕對不要遠離與神談話及保持聆聽神說話的態度或行動。禱告應該自然而然屬於我們思想的一部分，不只在敬拜中禱告，在工作中也禱告。不只在安靜時刻中禱告，在混亂忙碌時也禱告。我們禱告，因為祂隨時都在。我們禱告，因為祂是神。我們禱告，因為祂關心。

這不表示如果沒有每天每秒都在禱告就是犯罪，不可能有誰分分秒秒都在禱告。有時候我們說小孩子玩個不停，或青

少年跟朋友私訊個不停，並不是他們真的除了玩或傳訊息之外其他事都不做，我們的意思是小孩子一整天不管做什麼事，經常邊做邊玩，許多青少年每個小時都藉由訊息和朋友溝通，照樣，神渴望禱告成為我們持續善加利用的機會，任何時刻和環境下都可以在心中、意念中安靜地讚美、感謝，和倚靠祂。

有意思的是，聖經將禱告與在神面前燒香連結一起，啟示錄五章 8 節說到天上「盛滿了香的金爐；這香就是眾聖徒的祈禱」。大衛也寫道：「願我的禱告如香陳列在你面前！願我舉手祈求，如獻晚祭！」（詩一百四十一 2）

要了解這比喻真正的意思，需回溯神最初有關香壇的指示，香壇是擺在會幕裡面的：「亞倫在壇上要燒馨香料做的香；每早晨他收拾燈的時候，要燒這香。黃昏點燈的時候，他要在耶和華面前燒這香，作為世世代代常燒的香。」（出三十 7-8）

我們應該從這方面看禱告，禱告是信徒生命很重要的一部分，不只居優先位置，也是一種熱誠。

禱告除了要有「持續不斷」的態度以外，還應該排入固定的日程表。每天都要有專心祈禱的時間，刻意把焦點只集中於禱告，而不是日常活動中附帶的一項行為。這是以行動和優先順序來表明神在我們生命中居首位，事實上，祂就是生命。

燃香是祭司每天的習慣和日程表的一部分，儘管這香燃燒一整天，卻是安排在每早晨的第一件事，每晚的最後一件事。我們也必須將禱告排入日程表裡。

大衛固然有他作為國王的職責，他卻說「晚上、早晨、晌

午」都要禱告（詩五十五 17）。但以理也類似這樣，一天固定三次進房間，開窗、雙膝跪下在神面前禱告，即使這樣做有喪命之虞，敵人也等著看他進屋禱告，他仍照常固定時間祈禱懇求。在馬可福音一章和路加福音五章，可以看到耶穌一大清早找僻靜的地方禱告，那是祂的日常慣例。

無論你是一家企業的執行長，或是正在找新的工作，你都應該把禱告列入日程表的優先，每日必做事項。夫妻應該安排一個時間一起禱告，家庭應該把禱告列為生活規律的一部分。教會需要有排定的禱告時間和禱告會，包括給自己會友參加的，以及聯合本市其他教會的。

安排固定時間做一件事情，比較不會忘記或當作「待會有空再說」。維持一段時間以後就會變成固定的規律，進而養成分別為聖的習慣。

這正是安排禱告時間的目標。

任何對我們有足夠重要性的事，再忙我們也會找時間去做。別忘了，耶穌可比我們大家都忙，祂仍將每日祈禱列為第一優先。

假設本市最富有的人來拜訪你，要你每早六點鐘都出現在他家門口按門鈴，他就給你一萬美元現鈔。你會到嗎？會，絕對沒有問題。為何呢？因為如果我們真的想要一樣東西，想要得不得了，認為它非常重要，我們就會努力使它發生，會想辦法把它排進日程裡。同時，我們的救主耶穌基督，每一天都提供我們祂話語裡的永恆寶藏，以及與祂的父——全宇宙的

神——交談的機會，讓我們傾訴心事和需要，我們卻還是找各種藉口，說沒時間、沒辦法、做不到。

因此，請你今天下定決心，照神想要你做的那樣，以禱告為生命第一優先。每一天結束時都要禱告，若再加上一段研讀神話語的時間就更好了，一個小時或十五分鐘都沒關係，總是安排固定的時間來到神面前，看祂用這時間在你生命中做什麼事。

*P*ray 禱告時刻

主，當我回顧今天，看到了許多我從來沒考慮不去做，或不撥出時間的事，而且是每天每天。至於禱告──為何對這麼要緊的事，我能如此輕易決定不花時間去做？求祢幫助我不要繼續犯這個錯誤。感謝祢永遠在我身旁，隨時都願與我交通。主，我承諾要一直來與祢溝通。奉耶穌的名禱告，阿們。

*Q*uestion 問題討論

‧你通常在什麼時間、什麼地點禱告？

‧最常占用你禱告時間的事情有哪些？請舉出前三項。

9

何時：隨時自發禱告

凡虔誠人都當趁你可尋找的時候禱告你。（詩三十二6）

LET EVERYONE WHO IS GODLY PRAY TO YOU IN A TIME WHEN YOU
MAY BE FOUND.

當我們承諾每天定時禱告，就是把自己定位在更深尋求神和聆聽神的位置上。除了每一天有一段寶貴的禱告時間之外，非計畫內的事件也給我們機會即時以禱告回應。就像士兵一大早就接到行軍令，照樣，我們必須準備好隨時應戰。這就是學習隨時自發禱告的好時機。

禱告有各種不同的樣貌和層次，但全都是禱告，可能是當你為一個意外的祝福，滿懷感恩開口感謝神；或是當你聽說某人處於危機，就開口請求神幫助。也可以是面臨財務決策時祈求神賜你智慧和清楚的頭腦；或是求神給你勇氣跟某個鄰居分享信仰的事。當禱告成為你立即想到的反應，不再是最後的手段，那麼整場戰爭的形勢就會開始倒向你這邊。

當你投入人生戰場，要讓這些事促使你禱告：

　　1. 新事。每當開始一件新的事，就花時間禱告。比方說，在每一天展開之際禱告，把那一天獻給神，請求祂來潔淨、保護和引導。新的一年、新的工作、新的感情開始時都要這樣禱告。在整部聖經會發現屬神的百姓都這樣交托禱告，約書亞將新的以色列地獻給神（書三），當耶路撒冷成為新的首都時，大衛也這樣把它獻給神（撒下六 17），還有所羅門王將新完工的聖殿呈獻給神（王上八）。無論是一部新車、新房子，或邁入人生的新季節，都要花點時間禱告，把它獻給神。

　　2. 需要。我們所事奉的是一位隨時能滿足我們所需的神。每當你發現有某個身體上、情感上、靈性上的需要時，就應該促使你為那個需要禱告。祂是耶和華以勒，祂必有預備。馬太福音六章 8 ～ 11 節提醒我們，在我們還沒開口求之前，即使神已經知道我們的需要了，我們仍該憑信心禱告，祈求祂滿足我們的需要。

　　3. 福氣。既然神供應你、保護你、赦免你、引導你……怎能不感謝祂！不要讓每日生活的平順變得好像理所當然，帖撒羅尼迦前書五章 18 節說「凡事謝恩」，以弗所書五章 20 節又說，我們應該「凡事要奉我們主耶穌基督的名常常感謝父神」。當我們在祂面前保持一顆感恩和謙卑的心，是神所喜悅的。請花時間向神說：「謝謝祢！」

　　4. 重擔。重擔有很多種形式，不管哪一種都應該卸給神。也許你正背負著重擔，或是知道某人正背著擔子艱苦跋涉──可能是罹癌或離婚，重擔能使人崩潰。加拉太書六章 2 節告訴我們：「你們各人的重擔要互相擔當，如此，就完全了基督的

律法。」讓任何重擔提醒你向那位愛你，且能使擔子變輕的神禱告。

5. 危機。每一個人終歸會碰到危機，危機可不是一些輕省的擔子，是改變生命的大事。一遇到危機應該立刻禱告，詩篇五十篇 15 節說：「要在患難之日求告我；我必搭救你，你也要榮耀我。」神的作為也許看上去跟我們想的不一樣，只有祂知道什麼對我們最好，什麼能帶給祂榮耀。可能是在不幸事件裡出現奇蹟或獲得安慰，使神得著榮耀。無論如何，危機臨到時祂吩咐我們要呼求祂。

6. 擔憂。當憂愁迎面撲過來，你要把它化作禱告。腓立比書四章 6 ～ 7 節提醒我們要一無掛慮，只要凡事藉著禱告，將我們所要的告訴神。彼得前書五章 7 節也說要將一切的憂慮卸給神，因為祂顧念我們。因此當驚惶或恐懼企圖入侵你的思想，你的反應就是把每一件驚慌害怕的事都化成一個禱告，交給這位看顧你、知道你面臨什麼情況的神，當然祂也必有解答。

7. 罪惡。任何與罪惡有關的事，都應當促使我們禱告。無論正面臨試探或是已經跨越紅線，我們都應該立即回轉向神。耶穌指示門徒遇試探時要禱告。神不會容許超過你所能應付的情況臨到你，若你已經犯罪需要赦免，約翰壹書一章 9 節有好消息，只要你謙卑自己、承認你的罪，神必赦免你，潔淨你的一切過犯罪惡。你的認罪禱告應該發自真心誠意，有悔改的態度與決心不再犯。

讓環境啟動我們的禱告，可使我們保持在策略位置上隨時

接收神的回應，就像肩負重建耶路撒冷護城牆的艱鉅任務的尼希米，我們可能也會覺得力不能勝，不僅缺乏支持，甚至遭到反對者的抨擊。若我們的反應像尼希米那樣，便是使自己立於目睹大能的神成就唯有祂能做之事的位置上。

尼希米凡事都禱告——求恩惠、求智慧、求幫助、求力量、求拯救、求勝利。完成任務的可能性是那樣微乎其微，他竟以破紀錄的短時間內凝聚眾人力量，將城牆重建完畢。無人能像神那樣賜福給他，應允他的禱告。

別忘了，你可以把任何事和每件事都放在禱告裡。隨時準備好向天父自然發出你的禱告，越多越好，祂一直在聽。

Pray 禱告時刻

天父，真希望我遭遇人生任何情況時的第一個反應是禱告，不是擔憂、抱怨、自己居功，顧著慶祝卻沒有想到祢。求祢教導我第一反應就是來到祢面前，不是往任何地方找任何人。令我深得安慰的是，不管我到哪裡，都知道祢早就在那裡等著幫助我、聽我訴說。深願我更常到祢那裡去。奉耶穌的名禱告，阿們。

Question 問題討論

· 促使你隨時自發禱告的事項裡，你覺得哪一件事最能提醒你在往後的日子禱告？

· 除了本章的清單之外，有沒有其他促使你隨時禱告的事？

10

如何：禱告的姿勢

來啊，我們要屈身敬拜，在造我們的耶和華面前跪下。

（詩九十五 6）

COME, LET US WORSHIP AND BOW DOWN, LET US KNEEL BEFORE THE
LORD OUR MAKER.

禱告不是看分貝或姿勢，神很清楚地強調在於心靈，外表的東西不是重點。然而，祂把我們造成一個完整、統合的整體——靈、魂、體。各種組成要素全都互相供應、影響。聽說職業高爾夫球手會跟教練研究怎樣在他們的立姿或抓桿的握姿上，作細微的調整改變，以期開球距離再推進個 15 碼，或是強化在果嶺上的控球品質。我們是不是更應該研究神的話語，看看姿勢是不是有助於強化禱告？

下拜。例如鞠躬，這個姿勢表達尊榮與效忠。十誡的第二誡——不可服事或製造其他神像的告誡，神說：「不可跪拜那些像。」（出二十 5）鞠躬的動作跟膜拜是相連的，低頭鞠躬就是在向那一位傳達我們內心保證完全效忠。當神在雲中降臨西奈山，「摩西急忙俯地下拜」（出三十四 8）。數個世紀後，

大衛王說：「至於我……我必存敬畏你的心向你的聖殿下拜。」（詩五7）以鞠躬姿勢禱告是合宜的。

許多經文講到屈膝禱告，所羅門獻殿時那個劃時代的禱告，他的姿勢是「當著以色列的會眾跪下，向天舉手」（代下六13）。還有但以理，即使冒著性命危險，違反除了王本身不可向其他任何人祈求的禁令，他仍「到自己家裡（他樓上的窗戶開向耶路撒冷），一日三次，雙膝跪在他神面前，禱告感謝，與素常一樣」（但六10）。聖經告訴我們有一天「一切在天上的、地上的，和地底下的，因耶穌的名無不屈膝」（腓二10）──包括那些曾經拒絕向祂下跪的人。

俯伏。有時低頭或屈膝仍不足以反映我們的虔敬之意。當以斯拉以祭司的身分，花一個早上的時間，向被擄歸回耶路撒冷的民眾誦讀律法書，眾民「就低頭，面伏於地，敬拜耶和華」（尼八6）。耶穌在受盡折磨而死之前，曾在客西馬尼園痛苦地「俯伏在地，禱告」（太二十六39）。約翰日後見到祂復活得榮耀的形體──如這位使徒在拔摩島所寫的啟示錄中的描述──他坦承：「我一看見，就仆倒在他腳前，像死了一樣。」（啟一17）他完全俯伏在神的大能之下。

不過，禱告固然常常驅使我們俯伏在地，降服下拜，也把我們從屬地的存在中拉起上升。

舉手。聖經有許多禱告都是高舉著雙手說出的。高舉雙手確實深具意義，就歷史來看，卻是直到近代才比較常見。聖經確實講到舉起手來──「願我舉手祈求，如獻晚祭」（詩一百四十一2）。保羅說：「我願男人無忿怒，無爭論，舉起

聖潔的手，隨處禱告。」（提前二 8）之前我們提到所羅門和以斯拉，他們都曾雙膝跪下同時舉起雙手，用全身擺出敬拜和讚美的姿勢。

舉目。閉起眼睛是減少分心、保持禱告焦點的一個好方法，舉目望天卻是聖經常見的一種禱告姿勢，像耶穌站在拉撒路的墳墓前，「舉目望天」，然後禱告（約十一 41），或是拿著五個餅、兩條魚，「望著天祝福」後擘開，餵飽了五千人（路九 16）。

靜默。除了身體的姿勢，禱告時出聲與否也很重要。當我們禱告，有時最好是安靜，知道祂是神……什麼話都不必說（詩四十六 10）。當一個人滿心敬畏又讚嘆，往往是無言的。詩篇六十二篇 1 節說：「我心默默無聲，專等候神；我的救恩是從他而來。」聖經描述哈拿帶著愁苦向神禱告，求神賜給她一個孩子：「哈拿心中默禱，只動嘴唇，不出聲音。」（撒上一 13）沒有人聽見她無聲的祈禱，神全都聽見，且應允她所求。

揚聲。禱告時除了舉起雙手和舉目望天，聖經也勉勵我們揚聲禱告，「我求告你的時候，願你留心聽我的聲音」（詩一百四十一 1），「我向神發聲，他必留心聽我」（詩七十七 1）。

呼求。「晚上、早晨和中午，我發出痛苦的呼求」（詩五十五 17，當代譯本），聖經常常用呼求來描述禱告，好比：「基督在肉體的時候既大聲哀哭，流淚禱告，懇求那能救他免死的主，就因他的虔誠蒙了應允。」（來五 7）呼求的原文有幾種譯法，含有痛苦中的喊叫，或像落入危險的動物發出的聲

音，或是傷心欲絕時的哀泣。總之是強烈悲壯，沉重的、發自內心的聲音。啟示錄中，當約翰談到天上時，約有一半的描述是以「大聲」的方式呈現——整卷書二十二章共提到 20 次。

再次重申，姿勢並非一切，並無強制也沒有特別指定的禱告姿勢。可是，我們不是都能指出以不同姿勢禱告的差異嗎？平躺在床上邊抗拒睡意邊做禱告，和我們刻意跪下，或舉起雙手，或大聲說出禱告，的確有所不同不是嗎？我們的身體傳送訊號到全身其他部位，提醒我們真實地進入祂同在裡，真正地倚靠祂，真誠地作祂的僕人，真心地敬拜祂。若有哪一件事能幫助我們停泊而專注於祂，難道那會是無關緊要的嗎？

想想自己的禱告姿勢，是否影響到你祈禱的本質和清晰度。如果你的宗教背景、文化與個人氣質偏向某種風格——無論是偏安靜和保守，或是偏大聲和情感流露——不妨考慮從上述聖經姿勢中選擇一種以上來禱告，也許就選一種不同於你慣常使用的禱告姿勢吧。求神使用它來幫助你辨認祂的性格，有哪一些面向是你未曾注意到的，幫助你與祂發展更深的關係，幫助你鞏固對祂的信心，幫助你專心禱告，不只是說一般的禱告詞，而是專注於禱告的主題上，刻意又具體地禱告。小小的調整往往也能帶來實質的改變和結果。

Pray 禱告時刻

主啊，我要將全人獻上，包括我的雙手、雙眼、雙腳和我的聲音。使用祢所賜的這一切恩賜，讓我清楚地表達對祢的敬拜、愛、虔敬與降服。我是那麼容易著重於形式上，忽略祢才是一切焦點，主啊，求祢改變我的禱告姿勢，讓我能穩定思緒，也開啟我的耳朵，使我聽見祢的聲音。奉耶穌的名求，阿們。

Question 問題討論

· 以前你覺得哪些禱告的姿勢最自在？

· 有沒有哪一種聖經提到的禱告姿勢或類型你從未嘗試過？本週就來嘗試一下吧。

11

如何：禱告的門鎖

虛妄的呼求，神必不垂聽。（伯三十五13）

SURELY GOD WILL NOT LISTEN TO AN EMPTY CRY.

以禱告進入神面前，可不是在破解保險箱，湊對了密碼自然能進去，否則照樣關在門外。然而因祂知道萬事，又因祂的聖潔與我們的罪性互為動態關係，神決定親自指導「禱告如何發揮功效」，有效與否可不是我們說了算。同時，在世上的生活是一場無法迴避的爭戰，「乃是與那些執政的、掌權的、管轄這幽暗世界的，以及天空屬靈氣的惡魔爭戰」（弗六12）。厚施恩典又保護我們的神，已賜下一套幫助我們以禱告爭戰得勝的規則了。

耶穌對門徒說「我不撇下你們為孤兒」（約十四18），祂並不想看到祂的門徒被撇下單獨面對狼群，像棄兒似的無人照顧和引導。神為了使我們能面對前方艱難的日子，就在祂的真道中賜下一些使我們剛毅勇猛、隨時可應戰的守則。請你不要當作是一張查核清單，要看作是指南，為使我們知道如何將禱告轉變為真正滿足又有意義的經驗。想成是大師專攻班的培訓

祕訣吧，目標是讓我們有萬全的準備，絕不會措手不及，能無懼地進入攻擊位置。

我們從多年的研經裡綜合了 20 個原則，稱之為禱告的「鎖和鑰匙」。其中 10 個原則會阻撓我們的禱告，使禱告的自由與果效大打折扣。另外 10 個則是使禱告重振旗鼓，推翻所有限制。本章要先來看禱告的 10 個鎖。

1. 禱告卻沒有藉著耶穌認識神。人們受到厲害的攻擊時，禱告顯然是普遍會有的反應，當龍捲風襲來，有多少壁櫥搖身一變成了禱告的密室？當然神有絕對主權能選擇應允任何人的任何祈求，若談到要認識神是天父，並在蒙應允的禱告中與祂同行時，耶穌說：「我就是道路、真理、生命；若不藉著我，沒有人能到父那裡去。」（約十四 6）就像沒有太多共同基礎的兩個人很難聊一樣，還沒有相信神赦免他們罪的人，料想不到神非回應他們的禱告不可。

2. 禱告時存著一顆未悔改的心。聖經說神「知道我們的本體，思念我們不過是塵土」（詩一○三 14），祂並不會因為我們心意不堅而感到驚訝。祂也察看我們內心，知道我們何時因自己的罪而「憂傷痛悔」（詩五十一 17）。不過當我們心一點都不憂傷，冷淡而冷漠地看待祂的話語和我們的罪孽，那可就麻煩大了，如同詩篇六十六篇 18 節所說的：「我若心裏注重罪孽，主必不聽。」當我們心中藏匿罪惡，把神推開，祂也會推卻我們的禱告，直到我們願意悔改為止。如果我們決定人生由自己主宰，至少禱告對我們而言，那可是搬石頭砸自己的腳。

3. 禱告是為了作秀。只是為了給人留下好印象而禱告，趕緊趁別人的「阿們」和讚許還在時好好享受吧，因為根據耶穌所說，那是僅有的賞賜，「你們禱告的時候」，祂說：「不可像那假冒為善的人，愛站在會堂裡和十字路口上禱告，故意叫人看見。我實在告訴你們，他們已經得了他們的賞賜。」（太六5）公開的禱告若沒有私下的禱告調和，差不多等於空口說白話，白費工夫。永遠不要忘記，就算你在帶領大家做禱告時，你的聽眾仍然只有一位。

4. 禱告時用重複的、空洞的話。禱告可以有很多種形式，可以是臨時想到說什麼就說，可以是照著預先寫下來的逐字逐句地念，也可以是發自肺腑的一聲感嘆。有件事使我們的禱告淪為一堆廢話，就是自顧自地講，連自己都沒仔細聽自己在講什麼。耶穌說：「你們禱告，不可像外邦人，用許多重複話，他們以為話多了必蒙垂聽。你們不可效法他們；因為你們沒有祈求以先，你們所需用的，你們的父早已知道了。」（太六7-8）禱告的背後肯定有紀律與責任感，我們不一定每次都很想要禱告，甚至一邊禱告時也不一定有感覺，當禱告淪為罐頭式的、不經思考、心不在焉的言語時，自己絕對心知肚明。沒有一個人喜歡——連上帝也不喜歡——當這種沒腦對話的接收方。

5. 不禱告。最沒效的禱告當然就是「完全沒有花時間禱告」，誠如雅各所說：「你們得不著，是因為你們不求。」（雅四2）我們不知有多少次從祂面前呼嘯而過，不曾踩個煞車請教一下方向或建議，我們匆忙到根本沒有停下來求問祂。我們是有想要禱告，可就一直沒辦法把它排進日程表。因此，除了

令人不滿意的一片沉默外，我們根本不應該期待不禱告還可以
得到什麼。

6. 禱告時心中有貪念。有些人從來沒有脫離想要什麼時才
跟神求的階段，只因認為那些東西是快樂的源頭而非祂。「你
們求也得不著」，雅各說：「是因為你們妄求，要浪費在你們
的宴樂中。」（雅四3）假如我們的祈求是出於私慾、貪心、
苦毒或驕傲的動機，那是神所不喜悅的，祂不會應允。就像一
個聰明的家長面對不給還硬要的孩子，神知道給什麼以及不給
什麼對我們有益。若我們以祂為至愛，那麼祂會喜悅將我們心
所願的美好事物賜給我們。詩篇三十七篇4節說：「要以耶和
華為樂，他就將你心裡所求的賜給你。」

7. 禱告而同時虧待你的配偶。當我們不以愛與尊敬對待那
曾誓言愛之敬之的另一半，這可是神具體指出的禱告障礙，祂
的警告主要是針對男性：「你們作丈夫的，也要按情理和妻子
同住；因她……與你一同承受生命之恩的，所以要敬重她。這
樣，便叫你們的禱告沒有阻礙。」（彼前三7）同樣的原則也
適用於妻子。當我們自己播下家庭不和的種子，怎能期待在禱
告中與神和睦？對妻子（或丈夫）不堪，是禱告的反向斷路器。

8. 禱告卻忽視窮人。聖經裡到處可見神憐憫窮苦有需要的
人、無助的受害者、無發言權的人，和忍受逼迫與不公的人。
當你對匱乏的人顯出憐憫的心，你的祈求也會蒙神恩惠。反之
亦然，「塞耳不聽窮人哀求的，他將來呼籲也不蒙應允」（箴
二十一13）。如果你無視貧窮困苦的人，視他們為次等人般
礙眼——或把他們當作隱形人，那麼你的禱告一定會受阻礙。

像我們這樣貧窮的罪人，根本不應該覺得自己比周圍那些窮人更值得天父看顧。

9. 禱告時對某人心懷苦毒。從神那裡領受我們完全不配得的赦免，之後卻認為自己免除了神說要饒恕那得罪我們的人的命令與責任，這樣是有罪的。「你們站著禱告的時候」，耶穌說：「若想起有人得罪你們，就當饒恕他，好叫你們在天上的父也饒恕你們的過犯。你們若不饒恕人，你們在天上的父也不饒恕你們的過犯。」（可十一 25-26）苦毒就是一種毒，不只毒害我們的靈、我們的心理甚至身體，也毒害禱告的功效，損害我們與神的關係。

10. 禱告時心裡不信神。最後一個障礙就是信仰的最基本前提，希伯來書十一章 6 節說：「人非有信，就不能得神的喜悅；因為到神面前來的人必須信有神，且信他賞賜那尋求他的人。」只要我們不信任某人，認為他們根本沒那個能力或意願說到做到，就是為這份關係造一個缺口──不相信神能幫助我們也是同樣道理。我們應該「憑著信心求，一點不疑惑；因為那疑惑的人，就像海中的波浪，被風吹動翻騰。這樣的人不要想從主那裏得甚麼。心懷二意的人，在他一切所行的路上都沒有定見」（雅一 6-8）。不冷不熱的信心是最弱的一種禱告形式，「懷疑」把我們擋在自己的禱告內室門口。

Pray 禱告時刻

主啊，求祢把隱藏在我禱告生活中的任何阻礙顯明出來，求祢幫助我儘速除掉障礙。在我裡面若有任何的傲慢、偽裝、操縱、苦毒、冷漠無情，或是對祢缺乏信心，求祢赦免我，潔淨我。主啊，我要饒恕那些曾虧負我的人，像你已經饒恕我一樣。我感謝祢，祢滿有恩慈與忍耐。我已厭倦作那個不能更親近祢、不能領受祢為我預備一切美福的人了。求祢為我斷開一切禱告的門鎖，敞開我心好讓祢能毫無阻礙地藉著我作工。奉耶穌的名求，阿們。

Question 問題討論

· 是否看出自己裡面有任何禱告的門鎖？

· 若有，你將採取哪些步驟除去那些鎖？

12

如何：禱告的鑰匙

你求告我，我就應允你，並將你所不知道、又大又難的事指示
你。（耶三十三 3）
CALL TO ME AND I WILL ANSWER YOU, AND I WILL TELL YOU GREAT
AND MIGHTY THINGS, WHICH YOU DO NOT KNOW.

禱告的門鎖致使我們悔改，把錯誤的心態處理掉，同時禱
告的鑰匙則使我們邁向有活力又有功效的禱告。這些鑰匙幫助
我們過得勝的生活，並以更豐盛、更充足的方式認識神。它們
使禱告更真誠、更愉悅、更真實。就讓我們來探索這 10 把禱
告的鑰匙吧。

　　1. 禱告時不灰心地祈求、尋找、叩門。我們很習慣的以
為，忙碌的人沒有時間也不想被打擾。除非想見的這位重要人
士是真正愛我們、關心我們，我們才會敢去敲他的門；在禱告
裡就是這樣，是在父子關係的基礎上禱告，所以聖經說：「你
們祈求，就給你們；尋找，就尋見；叩門，就給你們開門。
因為凡祈求的，就得著；尋找的，就尋見；叩門的，就給他開
門。」（太七 7-8）這把有效的禱告鑰匙最驚人的地方是要堅

持到底──不斷地、不灰心地、日復一日地求。時候到了，祂就會應允，只要我們不放棄，等所求的終於實現時，我們就知道是祂所賜的。

2. 憑信心禱告。祈求卻不認為會得到，這樣的人大概真的得不著。不應該是那樣的……神喜悅我們的信心。耶穌稱讚憑信心跟祂求的人，完全相信祂和祂的話語是討神喜悅的，耶穌說：「所以我告訴你們，凡你們禱告祈求的，無論是什麼，只要信是得著的，就必得著。」（可十一 24）當然，我們知道禱告並不是阿拉丁神燈，但因為禱告是基於愛的關係──聖靈把神的旨意更多地傳達給我們，所以我們能更明白祂想要給的。知道祂要帶我們去哪裡，我們能以更充足的信心禱告，深信祂能夠且必使之實現。這就叫憑信心禱告，這樣禱告是大有功效的。

3. 在隱密處禱告。耶穌在馬太福音六章 6 節說：「你禱告的時候，要進你的內屋，關上門，禱告你在暗中的父；你父在暗中察看，必然報答你。」基督徒生活的一個基本原則是「不要自欺，神是輕慢不得的。人種的是什麼，收的也是什麼。順著情慾撒種的，必從情慾收敗壞；順著聖靈撒種的，必從聖靈收永生」（加六 7-8）。為作秀而禱告就是順著情慾撒種，在隱密處禱告，是帶著更專注和謙卑的心來親近神，因為祂是在隱密中與我們同在的神。

4. 照著神的旨意禱告。我們很自然的會傾向認為，神的旨意是隱藏的奧祕。然而聖經所說的是，只要把自己獻給神，「不效法這個世界，心意更新而變化」，我們就能「察驗何為神的

善良、純全、可喜悅的旨意」（羅十二 1-2）。要禱告等候神的指示，我們會曉得可以或不可以去做，因為「我們若照他的旨意求什麼，他就聽我們，這是我們向他所存坦然無懼的心。既然知道他聽我們一切所求的，就知道我們所求於他的，無不得著」（約壹五 14-15）。當我們真心想知道祂的旨意，而且一旦清楚祂的旨意就全心全意遵行，祂必激勵我們更有把握地禱告。

5. 奉耶穌的名禱告。「奉耶穌的名」這幾個字可不是禱告的結尾用語，更不是「送出」鍵。這幾個字是反映我們內心是為了榮耀神，不是出於自私。這句話包含敬拜也承認我們的需要；既是在尊崇祂的能力和權柄，也是在稱頌祂願意把這幾個字運用在我們身上，祂告訴我們：「你們奉我的名無論求什麼，我必成就，叫父因兒子得榮耀。你們若奉我的名求什麼，我必成就。」（約十四 13-14）奉祂的名禱告意味著照祂的意思祈求，在我們跟祂的關係裡向祂祈求。我們來到神面前不是基於自己的權柄、公義，也不是看自身的成就，全靠基督的義和權柄，以及祂成就的一切。

6. 與其他信徒同心合意禱告。若要真正使你的禱告經歷突飛猛進，就要培養固定與其他信徒禱告的習慣。耶穌吩咐門徒說：「我又告訴你們，若是你們中間有兩個人在地上同心合意地求甚麼事，我在天上的父必為他們成全。因為無論在哪裏，有兩三個人奉我的名聚會，那裏就有我在他們中間。」（太十八 19-20）同心合意就是奏一曲和諧的交響樂，齊心為彼此代禱，一心一意祈求同一件事，這是討神喜悅的。祂喜愛且尊

榮信徒們聚在一起禱告時所產生的綜效。聽別人禱告的時候，我們心中應該隨時準備回應「是的」、「阿們」，一同進到我們的天父面前。正式禱告也好、非正式也好，排時間的禱告也好、即興的也好，同心合意禱告之力與美，是一份神早就賞賜的大禮，我們卻很少打開來用。你能跟誰開始一起禱告？先從你自己的家人開始，更常為每一個需要一起禱告吧。

7. 禁食禱告。另一把被忽視的鑰匙，是認真地操練禁食，於一段特定期間內不吃東西（或某種每日需求）好讓自己更專注於神。耶穌禁食禱告，以斯帖禁食禱告，尼希米也禁食禱告。使徒行傳十四章 23 節描述保羅和巴拿巴巡迴佈道，在各地建立教會以後都會選立長老，選擇對的領袖非常重要，他們可不是召開會議制定遴選計畫，而是「禁食禱告」。禁食可使你的靈向神敞開，不然就只是在餓肚子。它清除分心的事，以尋求神為第一優先，所有口腹之慾都是其次。

8. 發自順服之生命的禱告。「親愛的弟兄啊，我們的心若不責備我們，就可以向神坦然無懼了。並且我們一切所求的，就從他得著；因為我們遵守他的命令，行他所喜悅的事。」（約壹三 21-22）順服的孩子深得父母的寵愛和自由，你對神的順服拉近你與神的距離，領你到所渴望的與神親密之中。當我們從一顆順服的心發出禱告時，必能毫無羞愧地自由祈求，因為不再是與祂敵對，是與祂同工。

9. 住在基督和祂的話裡禱告。耶穌說：「你們若常在我裏面，我的話也常在你們裏面，凡你們所願意的，祈求，就給你們成就。」（約十五 7）住在裡面是保持密切往來的意思，包

含花時間在神的話語上，讓祂的話充滿我們的心和引導我們的思想，照祂的吩咐去做（約十五 10），領受神的愛以後回獻給祂和我們周圍的人（約十五 9, 12）。最後一點，住在裡面有在神面前保持潔淨的意思（約十五 3；約壹一 9），別讓「不敬虔」或罪累積，也不要不肯悔改。在這樣的關係脈絡下，我們的禱告就得以向上敞開，滿有新鮮的活力、結果子、大有功效（約十五 5）。約翰福音十五章 7 節有個隱含的意思是，如此住在祂裡面可使我們的禱告向上敞開，祈求我們欣羨的美好事物。

10. 靠神喜樂的禱告。當神成為你最大的喜樂，你對祂的愛勝過一切，那麼你就處於蒙福的位置，祂必將你心裡所求的賜給你。唯有接受祂的救恩──祂使我們不再與義為敵，並加給我們祂的純潔公義──才能真正愛祂，愛祂的人就必渴望順服祂（約十四 15），最終能真正地以祂為樂。「又要以耶和華為樂」，聖經說：「他就將你心裏所求的賜給你。」（詩三十七 4）「所求」的希伯來文就是懇求。當你以祂為樂並尊崇祂的渴望，祂也必喜悅你、尊榮你所求的。

*P*ray 禱告時刻

主啊，祢是良善又慈愛的神，祢並不需要親自來讓我們認識祢和向祢禱告，但祢仍這樣做。感謝祢藉著耶穌，使我們得以坦然無懼地來到施恩寶座前，領受恩典有隨時的幫助。求祢使我作個堅定又有功效的禱告勇士，幫助我親密地與祢同行，憑信心奉耶穌的名與其他信徒合一地禱告。我願能以祢為樂勝過一切。求祢賜給我們向祢求大事的恩典與信心，也求祢以重大的代禱事項督促我們禱告，讓我們的禱告回升到祢面前，看著祢應允所求，使我們充滿喜樂也使祢得著榮耀。奉耶穌的名禱告，阿們。

*Q*uestion 問題討論

- 哪些禱告的鑰匙給你最大的鼓勵？或幫助你看見禱告能在你生命中造就出怎樣的光景？
- 住在基督裡是什麼意思？
- 與耶穌同住的關係裡，有哪些不同的層面？

Part 3 調整
Conditioning

13

垂直：基督的十字架

他被掛在木頭上，親身擔當了我們的罪，使我們既然在罪上
死，就得以在義上活。（彼前二 24）

HE HIMSELF BORE OUR SINS IN HIS BODY ON THE CROSS,
SO THAT WE MIGHT DIE TO SIN AND LIVE TO RIGHTEOUSNESS.

為什麼有很多虔誠的人似乎顯不出什麼祈禱蒙應允的證
據，原因是他們從未真正與耶穌基督建立個人得救的關係。他
們有信教也知道關於上帝的事，卻未真正建立關係，也沒有個
別地認識祂。

　　耶穌警告：「凡稱呼我『主啊，主啊』的人不能都進天
國；惟獨遵行我天父旨意的人才能進去。當那日必有許多人對
我說：『主啊，主啊，我們不是奉你的名傳道，奉你的名趕
鬼，奉你的名行許多異能嗎？』我就明明地告訴他們說：『我
從來不認識你們，你們這些作惡的人，離開我去吧！』」（太
七 21-23）這段經文是眾所公認聖經中最可怕的經文之一，實
際上耶穌不是要嚇唬我們，祂是要幫助我們。

　　所以，在全身心投入禱告，培養一個更有活力、更有功效

的禱告生活之前，皆須先站到這個起點上，確定自己是否已經跟神建立真實的關係。

使徒保羅說：「你們總要自己省察有信心沒有，也要自己試驗！豈不知你們若不是可棄絕的，就有耶穌基督在你們心裏嗎？」（林後十三 5）。

如果你因為自認是個好人，因為你曾走上台前表明決志信耶穌，因為你做了決志禱告，因為你很虔誠或你有受過洗，因為你加入教會且如志工般積極地服務，覺得可以上天堂，那你應該非常擔心。因為以上這些事情固然可敬，卻沒有一樣能救你。你注意到了嗎？在以上的每一種情況裡都只提到你，沒有提到上帝，當年文士與法利賽人也做了類似的事，他們根本不認識神。這就是為什麼神一而再地警告他們，在末日的審判中他們會被定罪，儘管他們對自己是好人這件事很有把握（太二十三 13-33）。

不管你的宗派偏好，與神建立關係的起點都必須是認罪悔改並信靠釘十架的耶穌基督。在某些人聽來的確會覺得狹隘，可是聖經有充分而重要的理由，說明唯獨耶穌是神所差來的彌賽亞，作跨越鴻溝的橋梁，救贖罪人，使他們重新跟這位完全的神建立愛的關係。

能夠認識祂、向祂祈求、永遠與祂同住的義人資格要求，是神設立的不是人。若自以為決定這些事的是我們，那可就愚昧又驕傲了，就像一群學齡前的幼兒在遊戲場，為規則、考試的標準和課程要求等爭吵一樣，他們哪能了解教育呢，更沒有那個決定權。

　　唯獨神創造了我們，知道我們，擁有天上地上一切的權柄。祂的道路遠高過我們的道路。因此真正的問題不在於「我認為神應該怎麼做？」，而是「祂做了什麼決定？」，包括道德、審判、救恩以及（為了我們的緣故）禱告。不是由我們來告訴神，我們決定怎樣跟祂往來、怎樣取悅祂，或是我們要怎樣以禱告來到祂面前，希望在何時獲得什麼樣的回答。

　　我們必須了解，當耶穌說「我就是道路、真理、生命；若不藉著我，沒有人能到父那裏去」（約十四6）可不是驕傲，祂是在說實話。能夠一邊握著神的手、一邊握著人的手，將雙方帶到一起的這一位，必須從天上來到地上，既具神性和人性；耶穌正是這一位。

　　保羅說：「因為只有一位神，在神和人中間，只有一位中保，乃是降世為人的基督耶穌；他捨自己作萬人的贖價。」（提前二5-6）中保必須與雙方平起平坐，這也是為什麼神需要成為肉身，親自為我們的罪獻上完美的祭，好滿足祂要求的聖潔標準，因為我們達不到。

　　耶穌基督的一生讓我們看到唯獨祂是從神來、又被神分別出來，有資格達成這任務。聖經的六十六卷書像一幅拼圖嵌合得剛好，指出耶穌就是神為挽救我們人類靈性狀況的解答（約五37-40）。

　　在馬太、馬可、路加和約翰福音裡記載的耶穌生平歷史，詳細地見證祂的誕生、教導、所行的神蹟，以及祂的死與復活。還有從羅馬書到啟示錄這幾卷書的神學，都說明了神是如何透過基督為我們提供靈性拯救之道，為何祂死在十字架上，

滿足了神對聖潔、公義的要求，和對罪惡的忿怒，同時向任何願意信靠祂的罪人施予憐憫與恩慈、恩典與慈愛。

「神使那無罪（無罪：原文是不知罪）的，替我們成為罪，好叫我們在他裏面成為神的義。」（林後五 21）

希伯來書闡釋唯獨耶穌基督滿足了神對於救世主的每一項要求，包括作為一個無罪的人，流血犧牲，替罪受罰（利十七 11），滿足了神的律法（來九 19-22），在我們與神之間設立完美的約（來八 6），以及永遠作為大祭司好永遠執行這約（來七 20-28）。沒有其他宗教領袖能為我們做、為我們解釋，或提供基督已為我們成就的事。

沒有人能做得到也沒關係，因為耶穌已經滿有慈愛地提供無遠弗屆、無所不包的救恩，意思就是在任何地方的任何人都能得救（約三 16；約壹二 1-3）。用「唯獨基督」形容這真理其實太狹隘，應該是反過來說，因為除了基督以外，任何人事物都不能遍及各地方、處理所有人類的罪，也不能提供死後的永生給「凡求告主名的人」（羅十 13）。

此外，得救是藉著恩典因著信，這是基督教有別於世上其他宗教的地方。神白白地賜給我們赦罪與永生的禮物（羅六 23；弗二 8-9），並非要求我們一輩子犧牲，試圖藉由一長串似乎不可能完成的宗教儀式，獲取上天堂的資格和神的赦免。祂要向我們顯明祂的慈愛和憐憫，當我們憑信心領受祂的禮物時，祂就得榮耀。

如同聖經說：「他便救了我們；並不是因我們自己所行的

義，乃是照他的憐憫，藉著重生的洗和聖靈的更新。聖靈就是神藉著耶穌基督——我們救主厚厚澆灌在我們身上的，好叫我們因他的恩得稱為義，可以憑著永生的盼望成為後嗣。」（多三 5-7）

謹記這點之後，我們務必降服於神的計畫，依神的方式藉著耶穌，不是靠我們自己得救。耶穌說：「我實實在在地告訴你，人若不重生，就不能見神的國。」（約三 3）救恩不是來自人，是來自神，是神在一個人心裡和生命裡帶出屬靈的改變更新，沒有一個人也沒有一間教會能製造得出。只要我們悔改，單單信靠基督，神就為我們成就。

祂的話語說：「你若口裡認耶穌為主，心裏信神叫他從死裡復活，就必得救。因為，人心裏相信，就可以稱義，口裏承認就可以得救。」（羅十 9-10）

那你呢？你信什麼？你信靠的是誰？你自己？你的教會、善行、你的教養？還是耶穌？你是否照耶穌所說的真正重生得救了？

生命的終局若搞錯，那麼永恆對你就太長了。約翰壹書給出得救的七個關鍵指標，有助於一個人判斷自己是否真正認識神。我們挑戰你用這些符合聖經的指引給自己測試一下，請參考本章最後「真正得救的七個關鍵指標」，一邊看一邊問是否能從自己身上看到這些「真正得救的果子」。

如果你發現，也許你並未真正藉著基督認識神，我們邀請你現在就為你的罪悔改，為你只信靠自己來悔改，現在就相信

而降服耶穌基督，單單相信祂的十字架使你得救（倘若你真的願意做這個信靠祂的禱告的話，可參考附錄的禱告。）

　　以上所討論的，是達到本書宗旨的第一步。如果你已經悔改並信靠耶穌基督作你生命的主和救主，這就是你禱告生命的鞏固基礎。聖經說，當你信靠耶穌之後，神就是你的天父（約一 12），你就是蒙愛的兒女（弗一 5-6），祂的聖靈已進入你心了（弗一 13-14），你已經被耶穌的血救贖和潔淨了（弗一 7），現在你得以在禱告中放膽又自由地進到神面前（弗三 12）。知道基督為我們做了什麼就可以這樣，更不用說使我們向上敞開、得以跟神有一條直通的禱告溝通線路！

　　有了這基礎之後，還要繼續建造，包括學著在與神的親密關係、信心和親近上有長進。

*P*ray 禱告時刻

天父，我憑著信靠祢的兒子耶穌基督，藉著祂在十字架上為贖我的罪流出的寶血，來到祢面前。我向祢承認我是個罪人，我相信耶穌基督為我而死，並且從墳墓裡復活，證明祂是神的獨生子。現在我認定對祢的信心，我宣告耶穌永遠是我生命的主和救主。感謝祢向我伸出慈愛的手，謝謝祢為所有人提供一條路使罪得赦免，使我得以認識祢又能永遠與祢同在。求祢幫助我活出在基督裡的身分，同時謙卑地順服祢、喜愛祢的帶領和命令。幫助我充分利用這為我打開的道路，使我藉著基督天天在禱告中親近祢。奉耶穌的名禱告，阿們。

*Q*uestion 問題討論

· 耶穌基督和祂死在十字架上，怎麼會是禱告蒙應允的一把鑰匙呢？

· 「真正得救的七個指標」對你的意義是什麼？如何影響你思考你跟神的關係？（請參閱 107～110 頁）

真正得救的七個關鍵指標

如果你要被考核是不是基督徒，其生命是否顯出鐵證可證明你認識基督，且祂也認識你？真正得救是一種改變生命的經歷：「若有人在基督裡，他就是新造的人，舊事已過，都變成新的了。」（林後五 17）

做善事並不能除去罪惡，也救不了任何人，若一個人真正得救、被基督改變更新，勢必會開始做出具體的善行，成為他得救的證明。這七件事並非得救的原因或根源，是真正得救後產出的果實。約翰壹書給我們真正得救的七個關鍵指標，從這些可看出一個人是不是真正得救並認識神。

指標 1：順服神的生活型態。儘管基督徒仍會跌倒、犯錯，不過整個大方向和生活習慣都是朝向降服基督、順從基督的，這才是真信徒。他們會想要讀神的道、遵守神的道，他們裡面的聖靈會使他們越來越順服神。你呢？是否向著神活出順服的生活型態？「我們若遵守他的誡命，就曉得是認識他。人若說『我認識他』，卻不遵守他的誡命，便是說謊話的，真理也不在他心裏了。凡遵守主道的，愛神的心在他裏面實在是完全的。從此，我們知道我們是在主裏面。人若說他住在主裏面，就該自己照主所行的去行。」（約壹二 3-6）

指標 2：承認耶穌是基督、是神的兒子。約翰壹書二章 22-23 節說：「誰是說謊話的呢？不是那不認耶穌為基督的嗎？不認父與子的，這就是敵基督的。凡不認子的，就沒有父；認子的，連父也有了。」異端教派說耶穌只是一名偉大的老師或

先知，神的道說祂就是基督，是無罪的神子，是萬有的主。你有沒有公開承認耶穌基督是神的兒子？還是你相信祂不過是一位好老師或先知而已？

指標3：活出認罪悔改的樣子。耶穌說：「你們若不悔改，都要如此滅亡！」（路十三3）儘管我們在許多事上都有過失（雅三2），真信徒會承認犯罪並離棄罪惡，假信徒卻不會。約翰壹書三章9-10節說：「凡從神生的，就不犯罪，因神的道（原文是種）存在他心裏；他也不能犯罪，因為他是由神生的。從此就顯出誰是神的兒女，誰是魔鬼的兒女。凡不行義的就不屬神，不愛弟兄的也是如此。」

指標4：對其他信徒有真實的愛心。「我們因為愛弟兄，就曉得是已經出死入生了。沒有愛心的，仍住在死中。凡恨他弟兄的，就是殺人的；你們曉得凡殺人的，沒有永生存在他裏面。」（約壹三14-15）神的靈將神的愛澆灌在神的兒女心裡（羅五5；加五22）。你對其他信徒有真實的愛心嗎？

指標5：被你的父神管教。「你看父賜給我們是何等的慈愛，使我們得稱為神的兒女；我們也真是他的兒女。」（約壹三1）就像地上的慈父會管教兒女一樣，神也應許當祂的兒女行為太偏差時祂必管教。祂說這是真正得救的證明之一，「你們所忍受的，是神管教你們，待你們如同待兒子。焉有兒子不被父親管教的呢？管教原是眾子所共受的。你們若不受管教，就是私子，不是兒子了。……凡管教的事，當時不覺得快樂，反覺得愁苦；後來卻為那經練過的人結出平安的果子，就是義。」（來十二7-8, 11）。你有過明顯是被天父管教的經歷嗎？

指標 6：神的聖靈同在。「我們所以知道神住在我們裏面是因他所賜給我們的聖靈。」（約壹三 24）如果你是真信徒，那麼神的靈就在你裡面，必與你的靈同證你是神的兒女（羅八 16）。當你犯罪，祂會使你知罪（約十六 8），當你讀神的話，祂會啟示神的話在說什麼（約十四 26），祂會澆灌真實的愛、喜樂與平安在你裡面，透過你流向他人（加五 22）。你的生命中可有這些聖靈同在的證據？

指標 7：得救是單單因著信靠耶穌（不是你自己）。「人有了神的兒子就有生命，沒有神的兒子就沒有生命。我將這些話寫給你們信奉神兒子之名的人，要叫你們知道自己有永生。」（約壹五 12-13）或如保羅在腓立比書三章 9 節說的：「不是有自己因律法而得的義，乃是有信基督的義，就是因信神而來的義。」你是否單單因著信靠耶穌而得救？還是信靠你自己或你的教會？

這七個指標是生命改變更新的記號，像石蕊試紙顯示你是否真的在基督裡成了新造的人。世界、血氣和魔鬼都在敵擋你做這些事，拼命把你推往反方向。若你從 5,000 英尺的高空俯瞰過去幾個月來的生活，能看到這七件事嗎？

○ 有對其他信徒真實的愛嗎？還是沒有？
○ 有悔改認罪嗎？還是沒有？
○ 有順服神嗎？還是沒有？
○ 有沒有看到你的天父管教你？
○ 有神的靈同在的證據嗎？還是沒有？
○ 有承認耶穌是神的兒子嗎？還是沒有？

○ 有沒有單單因信靠耶穌而得救？

假如這些指標你都有，即顯示你與基督有真實的關係，你可以大大歡喜、大得安息。如果沒有，那你可不要再拖延，趕緊照聖經的吩咐悔改認罪並信靠耶穌基督，單單因著信祂真正得著救恩。（再次重申，請翻到書末 256 頁，有一個可幫助你接受基督的祈禱文。）

14

垂直：悔改 vs. 驕傲

務要在主面前自卑，主就必叫你們升高。（雅四 10）

HUMBLE YOURSELVES IN THE PRESENCE OF THE LORD, AND HE WILL
EXALT YOU.

耶穌描述有兩個人上聖殿去禱告（路十八 9-14），一個是令人肅然起敬的虔誠法利賽人，另一個是有罪的稅吏。那個法利賽人昂然站立，禱告說他感謝自己是這麼棒，不像身旁那些作惡的罪人。他誇讚自己做了多棒的事，自以為義地認為他不需要為任何事悔改。稅吏一個人站得遠遠的，承認他需要神和神的赦免，低著頭表達悔改的心，又懇求神憐憫他這個罪人。

耶穌講完故事最後說，那稅吏離開時已被稱為義，與神和好，而那個驕傲的法利賽人並沒有。耶穌這個比喻令聽眾大為驚訝，因為他們認為法利賽人在神眼中是聖潔的，稅吏則是地上的罪人、人渣。請看耶穌給這比喻畫的重點：「凡自高的，必降為卑；自卑的，必升為高。」（14 節）

哪一種態度最能描述你以禱告來到神面前：謙卑的或驕傲的？以謙卑的心來到神面前，更能清楚看見自己需要神——需

要神的指引、恩典和赦免。有謙卑的心，我們就能坦承犯罪，願意向祂呼求，悔改及離開任何不討祂喜悅的事。驕傲的心卻抗拒這種態度，驕傲的心太脆弱，是一種懦弱的徵兆，被我們藏在底下。驕傲者以為自己很行，又自以為義而自誇。

驕傲者說：「我算是個好人，因為我沒做過那麼壞的事。其實我不太需要為任何事悔改。」驕傲者也宣稱：「這是我的人生，一切都在我掌握之中。我所得到的是我應該得的，我所做的理應是我的功勞。」從與他人的關係來看，驕傲者心裡說：「我比他們都好，我比他們更重要。我應當得到比他們更好的東西。」說到底就是：「國度是我的，能力是我的，榮耀也是我的。」

在驕傲背後的迷惑是，自我膨脹、自以為了不起，「人若無有，自己還以為有，就是自欺了」（加六 3）。什麼時候輕忽我們的生命原是神的恩賜，我們並不配得祂的憐憫、恩典和祝福的事實，什麼時候就有了大麻煩。即使我們有所成就，也是因為祂賜予的才幹而有的結果。這就是為什麼驕傲是大罪之一（箴六 16-17），它可說是其他每一宗罪的起因。

箴言十一章 2 節警告：「驕傲來，羞恥也來；謙遜人卻有智慧。」諷刺的是驕傲的人自以為聰明，他們期待獲得尊榮，因為相信自己值得被人推崇，事實上他們並無值得推崇之處。驕傲的態度傷害我們、使我們失去資格，謙卑的態度則蒙神賜福，被神看重。

箴言二十九章 23 節總結道：「人的高傲必使他卑下；心裏謙遜的，必得尊榮。」今日的文化缺少謙卑，是使我們看不

見自己多麼需要日日禱告尋求神、行在悔改中的部分原因。你很難為你自豪的事感到抱歉甚至請求原諒，因為你並不真的認為你需要被原諒。

當我們查考聖經中與神親密同行、又蒙神使用行神蹟的人，會發現他們都有謙卑的態度。以色列最偉大的君王——大衛一再地因自覺不配得到那些，問「我是誰」、「我算什麼」（撒上十八 18；代上十七 16，二十九 14）。使徒保羅說自己是罪人中的「罪魁」（提前一 15）——罪人中最壞的一個，他卻寫了幾乎半部新約，蒙神重用吸引無數人歸信基督。在舊約裡，約書亞謙卑地在神面前下拜，承認他需要神的幫助，神就藉由他征服應許之地。以斯帖也是謙卑又順服的人，她勇敢地為同胞挺身而出，神就保護猶太人免於被滅絕。在巴比倫，但以理為人一向謙卑，因此王對他恩寵有加。

我們都承認跟自視甚高的人相處時，他們的態度會令人感到厭惡，神也會有同感。講到我們的人際關係，神的話語說：「你們各人也要彼此以謙卑為裝束。」（彼前五 5，新譯本）想想看，倘若我們都以謙卑為裝束（以謙卑的心彼此相待），我們的婚姻、家庭和教會關係會變得怎樣？應該會變得比較為他人著想，較少以自我為中心吧？感謝會變多些，抱怨會少些；尊重會多些，批評論斷會少些；合作會多些，頑固會少些；會比較難替自己辯解，更容易馬上道歉吧？我們會聆聽建議、意見、責備，不會一被質問就擺臭臉。基本上，我們會更像耶穌，比較不像撒但。

「所以，你們要自卑，服在神大能的手下，到了時候，

他必叫你們升高。你們要將一切的憂慮卸給神，因為他顧念你們。」（彼前五 6-7）

雅各書四章 6 節告訴我們，神敵擋驕傲的人，但賜恩給謙卑的人，我們應該順服神並抵擋魔鬼（魔鬼要我們憑驕傲行事）。神要我們親近祂，因知祂也必親近我們，只要我們悔改並尋求祂的潔淨。那為什麼我們心裡還有自傲自大呢？如果別人討厭我們驕傲的樣子，神又說驕傲是一種罪，那麼驕傲到底帶給我們什麼好處？一點好處也沒有。我們這一生傾向於追逐的東西——財富、成功、掌聲、獎賞，得到的話都可能使我們更驕傲。

聖經警告我們：「智慧人不要因他的智慧誇口，勇士不要因他的勇力誇口，財主不要因他的財物誇口。誇口的卻因他有聰明，認識我是耶和華，又知道我喜悅在世上施行慈愛、公平，和公義，以此誇口。這是耶和華說的。」（耶九 23-24）

我們所做的好事或所擁有的好東西，都應該導回到服事神、感謝神，千萬不要讓那些事物給任何的自誇或驕傲添燃料。我們應該像施洗約翰那樣，尋求基督越來越興旺，我們自己越來越衰微（約三 30）。神甚至可能會出於慈愛，賜下一個需求、軟弱或問題到我們生命中持續一段時候，作為真實人生的學習良機，讓我們學習謙卑地緊緊跟隨祂，更能夠被祂使用，也從祂領受更多恩典（林後十二 7-10）。

總而言之，神恨惡驕傲，喜愛謙卑——就是這麼簡單。當我們尋求與祂親密同行之時，應該把這真理深深刻印心中。要接近這一位聖潔、至高、全能的神只有一個方式，就是徹底謙

卑又徹底認罪。我們必須跟自己的驕傲保持對戰，決心一有不討神喜悅的事就迅速處理掉，好讓我們與祂的關係沒有任何阻礙，使禱告大有能力。要維持與神的親密關係和活潑的禱告生命，基本心態就是謙卑。藉著天天在神面前悔改認罪，謙卑自己，我們就能討神喜悅，能更頻繁又有力地禱告。

Pray 禱告時刻

主啊，我太常用各種方式把自己擺在第一優先——高過我對祢的忠誠，高過承認自己的罪惡，高過我需要悔改，也高過我需要凡事謙卑地倚賴祢。從前我拼命自誇自豪的地方，現在看來那都是在拆毀我與祢的關係。主啊，今天我只帶著一顆感謝的心來到祢面前，求祢潔淨我驕傲的罪，幫助我看見事物的真貌。祢是第一優先，祢永遠是。

Question 問題討論

・驕傲有哪些最大的問題？

・為了幫助我們為驕傲的罪悔改，聖經說我們應該做什麼？

・若要診斷你與神的關係的其他領域是否成長，請看第 252 頁的「屬靈溫度自我測試」。

15

水平：合一 vs. 分裂

在這一切之外，要存著愛心，愛心就是聯絡全德的。（西三 14）

ABOVE ALL, PUT ON LOVE—THE PERFECT BOND OF UNITY.

創世記十一章有段描述建造巴別塔的經文很有意思，聖經記載這些不敬神的人決定要造一座城和一座巨塔，以顯揚他們自己的威榮名聲，他們通過決議後就著手進行這個艱鉅的挑戰。初期的努力很成功，神從天上下來察看後說了話，基本上意思是：「因為他們團結一致，以後就沒有什麼是他們辦不到的了。」於是祂介入，變亂他們的口音，使他們彼此言語不通，以致這座令他們引以為傲的紀念塔無法完工。由於溝通陷入困惑混亂，他們不得不放棄興建計畫，隨各自的語言分散到世界各地。

　　這段經文令人震撼的地方是，神自己說當人們合而為一時，就能夠發揮巨大的能力與動能，甚至不敬神的人也能！因此，想想看，倘若敬拜順服全宇宙之神的百姓合一的話，所產生力量該有多大！假如他們能尋求神採取一致的行動，那他們所要做的事就沒有不成就的了。

這就是為什麼仇敵要用一切可能的辦法來使神的百姓分裂，一旦我們團結一致，就會產生擴張神國的巨大動能。

合一的禱告大有能力，一群分裂的百姓所做的禱告嘛……呃，就沒什麼力量了。這也是為什麼除去彼此的苦毒憤恨，選擇饒恕極其重要。事實上，任何驕傲或自私都應被視為合一禱告之敵。

在約翰福音十七章，耶穌作了一個很美的禱告，祈求神使眾信徒合而為一，好叫世人知道祂是被神差來、為要拯救世人（21 節）。如同詩篇一百三十三篇 1 節呼應的：「看哪，弟兄和睦同居是何等的善，何等的美！」

神喜愛合一，也賜福合一，當基督的肢體一起敬拜且照神的心意彼此相愛，就壯大倍增我們的禱告聲。合一也使人把注意力轉到我們的救主，祂死是為洗淨我們的罪，現在祂仍活著，為我們向父神代求。當人們看到合一，就看到祂的旨意、愛與能力。那是有吸引力又非常美好的。當一支隊伍團結合作達成目標時，真的就成了一股堅不可摧的力量。

使徒行傳裡的初代教會就有這股動能，聖經說他們同心合意地恆切禱告，照顧彼此的需要。他們的合一很有能力，吸引許多人，事實上，神的恩手在他們身上，教會在短短的時間內就增加了幾千人。使徒行傳二章 43 節說，眾人因此產生「敬畏感」。

倘若我們處於紛爭分裂中，傳達給人的又是什麼呢？當信徒為著信仰的枝微末節爭辯吵鬧，故意去碰觸對方敏感的問

題，各自堅持自己的立場，不給任何人留餘地，只能順著他們的意思做，世人又如何能看見信靠基督才是一切的答案？是耶穌造成分裂的嗎？還是人的驕傲、自私或無知導致的？

以弗所書四章 1-3 節勉勵我們：「既然蒙召，行事為人就當與蒙召的恩相稱。凡事謙虛、溫柔、忍耐，用愛心互相寬容，用和平彼此聯絡，竭力保守聖靈所賜合而為一的心。」

過去所有出於神的大能運行，都是因著禱告與合一的結果帶出來的。大覺醒和類似的大復興，幾乎全是由於神的百姓合一禱告，尋求神的赦罪與潔淨，將彼此間瑣碎的差異拋在一旁，互相饒恕，攜手迫切尋求神顯明。

祂真的顯明了。

當信徒和睦同居，神的祝福就降臨。當除去在心中任何阻擋我們的罪，一起尋求神的面，神就開始運行。在馬可福音十一章 24-26 節，祂應許說，我們若彼此饒恕、在祂面前保持潔淨，祂就把我們所需要的賜給我們。在約翰壹書四章 20-21 節，祂也警告說，我們不能恨我們的弟兄卻又聲稱愛上帝。當我們不肯饒恕人，祂也不會饒恕我們。

一個家要興旺，必須有合一住在裡面，夫妻之間沒有苦毒。一間教會要興旺，必須有合一住在裡面，信徒間沒有自私的動機，也沒有苦毒或驕傲。一個國家要興旺，必須有合一住在人民之中，沒有因議題、道德和世界觀引起內戰，互相攻訐。

羅馬書十二章 18 節提醒我們要與眾人和睦相處——至少在我們這邊，要在我們所能控制的最大範圍內與人和睦。若超

出我們影響力以外，就禱告，熱烈地，迫切地，與其他信徒合一禱告，因為哪裡有兩個人真正同心合意地尋求神，馬太福音十八章 20 節說，那裡就有祂在他們中間。

所以，為合一禱告吧，這是敵擋仇敵的大能武器，不要讓仇敵用次要問題分化我們，我們必須以彼此相愛、彼此饒恕、既謙卑又合一地尋求主來反擊仇敵。當我們這樣做就得著動能，當動能漸漸累積，當別人都看見時，將可以宣告我們的合一是由於耶穌基督——神的兒子，祂愛我們，為我們捨命。

你能想像一個城市的所有教會真的攜手合作，贏得失喪靈魂的光景嗎？你能想像牧師們無私地為彼此禱告，分享資源，完全不擔心誰拿到功勞嗎？你要看見你的城市成為一個訪客不斷湧入，因為神的大能正在一群甘心樂意的百姓中運行嗎？那麼，請為此禱告，請為此奮鬥。祈求神使你與其他渴望經歷這些事的人連結吧。

這樣的事以前有過，出現在最令人想不到的地方。神仍渴望美事重現，祂說了一遍又一遍：「你求告我，我就應允你，並將你所不知道、又大又難的事指示你。」（耶三十三 3）

願神使我們再次合而為一，為我們這地帶來全新的復興！

你想要嗎？那麼你要做什麼？

Pray 禱告時刻

主，我曾見過當我們跟別人起衝突，彼此保持距離，尤其是同為信徒之間所造成的傷害之深。那當中的偽善，我也曾充分感受過。當聖靈責備我沒有與人和睦時，相同的名字和臉孔一直浮現我心中，使我的禱告和自由受到阻礙。主啊，求祢幫助我採取任何必要的步驟，好醫治任何破裂的關係，並與求告基督之名的每一個人渴慕合一，好讓我們能同心合意為祢的國和祢名的榮耀努力。

Question 問題討論

· 苦毒如何妨礙我們教會和我們的禱告生活？

· 愛心怎麼會是「聯絡全德的」（西三14）？

· 同心合意的禱告是什麼意思？

16

你的心：信心 vs. 懷疑

只要憑著信心求，一點不疑惑；因為那疑惑的人，
就像海中的波浪，被風吹動翻騰。這樣的人不要想從主那裏得
甚麼。（雅一 6-7）

LET HIM ASK IN FAITH WITHOUT DOUBTING. FOR THE DOUBTER IS LIKE
THE SURGING SEA, DRIVEN AND TOSSED BY THE WIND. THAT PERSON
SHOULD NOT EXPECT TO RECEIVE ANYTHING FROM THE LORD.

當你禱告的時候，應該對一件事實了然於胸，就是神並非
不察覺、不能夠、不關心、不願意，或不大可能應允你。這就
是為什麼祂一直催促著你憑信心祈求。你的心與神、與他人都
可能已經和好，要是禱告時仍心存懷疑，就有可能製造路障。

以彼得為例，他曾三次否認耶穌。有時候我們來到祂面
前，也會在心中默默地否認神的信實、良善或能力。缺乏信心
會使你的禱告堵塞不通，如果你不信靠祂或不相信祂是絕對良
善的，就不會想來親近神。

要是你覺得不想禱告了，解決問題的處方可能就在破除以
下四種關於神的心與身分的誤解。

1. 神不知道或不了解我的需要。不是的，祂知道你，祂比你自己更認識你。神本性中的這能力有個神學用語，叫全知，或無所不知。每次有一隻麻雀掉到地上祂都知道（太十 29），祂數過你頭上有幾根頭髮（太十 30），「祂數點星宿的數目，一一稱它的名」（詩一百四十七 4），萬物在祂眼前「都是赤露敞開的」（來四 13）。還有前面已經看過的，「你們沒有祈求以先，你們所需用的，你們的父早已知道了」（太六 8）。

也許你會問：「如果祂早已知道我們腦袋在想什麼，為什麼還要我們祈求呢？重點在哪裡？」別忘了，禱告是關於（1）親密地認識神、愛神、敬拜神；（2）了解祂的旨意與道路並遵行；（3）接近與擴張祂的國度、權柄和榮耀。這一切都需要互動，沒有我們神也能做事，但因祂極其良善又有恩慈，以致不願意把我們撇到一邊。

此外，作為父母的你，擁有完全理解子女心聲的能力時，會任由他們不理你嗎？會希望他們一直掙扎或不斷闖禍嗎？還是寧願跟孩子保持良好關係，好讓他們能親身體會你的愛和智慧呢？你當然會希望他們跟你很親。神也是這樣，沒錯，祂真的了解你，也一直在幫助你。

2. 神幫不上忙。使徒保羅提出聖經中最洪亮的宣告來回答這個異議，他說神不但能夠做我們想像祂能做的一切，神也能成就「超過我們所求所想的」（弗三 20）。這句話的希臘原文含有超豐富、爆大量的意思，這能力超過人類一切的丈量或測量形式。這就是神具備的能力，這就是神，完全的能力和權柄──全能。

　　望向滿天星斗吧，也瞧瞧鏡中的自己，祂所創造的萬物無不顯示祂確有能力把事情做好。如果你真的相信，那你應該不難相信「我們若照他的旨意求什麼，他就聽我們」（約壹五14），或憑著如「芥菜種」大的信心，「對這座山說」──無論是那座山──「你從這邊挪到那邊，它也必挪去」（太十七20）。相信這樣一位全能的神意味著，即使像我們這樣的人，都能「歡歡喜喜站在祂榮耀之前」（猶24）。祂真的能行做萬事，耶穌甚至說：「在人這是不能的，在神凡事都能。」（太十九26）看看祂的完美紀錄就知道了，當你禱告時不要懷疑祂的能力。

　　3. 神不關心。一個人即使接受神的全知與全能，接下來可能還是會質疑：「如果祂萬事都知道，萬事都能做，那祂為什麼不幫我？知道卻不關心，這豈不是最糟的特質？」沒有立即行動絕對不可解釋成不關心。耶穌曾指著飛鳥證明神在乎，如果祂連一隻小鳥都關心，豈不更關心你？每一口呼吸都來自祂的恩賜，祂從天上高聲說，祂關心你。

　　在聖經裡耶穌提供兩個禱告範例，祂用兩個極端的例子形容神性格中的關懷。有一個人突然在半夜有客來訪，一時拿不出食物接待，於是跑去隔壁人家借一些麵包。「不要打擾我！」屋裡傳出回應，「門已經關閉，孩子們也同我在床上了，我不能起來給你」（路十一7）。那人不肯走一直求，最後鄰居就起來照他需要的給他，他這才走了。

　　第二個例子是一個受冤屈的寡婦，她常常去哀求當地一位不義的法官為她伸冤，這個法官一直很冷淡、不願意幫忙。

她仍不斷地去哀求，最後那法官不勝其擾，終於讓步替她伸冤（路十八 1-5）。

一個是漠不關心的朋友，一個是冷淡拒絕的法官，耶穌以這兩個故事指出，堅持地祈求終必得著。祂的重點是，神不是一個無情又冷漠的法官，也不是已經上床睡覺的鄰居，因此，比起那法官和那睡覺的鄰居，祂豈不更樂意速速的應允我們所求的？耶穌說：「神的選民晝夜呼籲他，他縱然為他們忍了多時，豈不終久給他們伸冤嗎？」答案不言自明，祂又說：「我告訴你們，要快快地給他們伸冤了。」（路十八 7-8）所以祂對我們說：「你們祈求，就給你們；尋找，就尋見；叩門，就給你們開門。」（路十一 9）祂不但關心你，比你人生中的任何人都更關心。看！祂剛又賜給你一次呼吸了。

4. 反正神不大可能做什麼事。這可不是從馬可福音十一章 24 節來的印象吧——「我告訴你們，凡你們禱告祈求的，無論是什麼，只要信是得著的，就必得著。」沒錯，祂願意傾聽、回應、指導、安慰、鼓勵、指引、拯救。

祂曾對一位來找祂、乞求祂幫助的痲瘋病患說「我肯」，祂被這位傷心男子的信心打動，「耶穌動了慈心」，就應允他的禱告，把他的身體治好了（可一 41）。軟弱又不情願的是我們自己……不願意相信、不願意等待、不願意接受，或是要等所有問題都解答之後才肯信。耶穌肯為你走上十字架，甚至「凡靠著他進到神面前的人，他都能拯救到底」——怎樣拯救？「因為他是長遠活著，替他們祈求。」（來七 25）是的，即使是此刻，耶穌仍在禱告、仍在工作。

　　當然，如同前述，祂可不是有求必應的神燈精靈。我們應該為此感到高興，因為我們將很快學到，敬拜一位被我們控制而非掌管一切、深謀遠慮的神，是多麼可怕的事。神已經賜給我們信賴祂的理智的能力了，祂的理智總是與祂的智慧和意志和諧一致。因為神是至高全能的神，祂也可能選擇不做某件事，儘管祂有能力行做萬事。無論祂要不要運用那能力，我們要做的事就是相信祂能，而且祂肯。

　　所以為你人生禱告的戰鬥計畫，應包含以下態度：

○ 期待祂知道你的內心，也知道你真正的需要。

○ 相信在祂沒有任何限制，也相信祂萬事都能做。

○ 預期祂會以愛、恩慈和憐憫回應你。

○ 認定祂一直都在，祂傾聽且願意扶持你、幫助你。

　　每一天當你吸收祂的話語、遵行祂的教導、應用祂的應許，在知識和智慧上成長的時候，要祈求神在禱告中將祂自己更多顯明給你看。因為你越認識祂，就會越想花更多時間在祂面前。當你花更多時間，所有那些錯誤觀念就會越來越弱，你的信心則會越來越強大。

　　喔，又一次的呼吸過去了，祂對我們多麼好。

Pray 禱告時刻

主啊，我相信祢完全認識我、了解我。我相信祢完全有能力、不受任何限制，必能達成祢神聖的旨意。我相信祢關心、願意幫助我，我能有把握祢會採取對我最好、最慈愛、最適合我和我的需要的作為。主啊，讓我常常來到祢面前，在祢那裡我一切盼望都安全穩妥，也讓我常常憑信心向祢祈求，因為我深知祢知道、祢能夠、祢關心、祢肯，而且祢很可能會應允。奉耶穌的名禱告，阿們。

Question 問題討論

．對於信心，希伯來書十一章 6 節教導我們什麼？

．人們相信哪些謊言以致無法憑信心禱告？

．神的屬性中，有哪些能幫助我們倚靠祂，憑信心跟祂求？

17

你的心：隱密 vs. 作秀

隱祕的事是屬耶和華——我們神的。（申二十九 29）

THE SECRET THINGS BELONG TO THE LORD OUR GOD.

聖經啟示我們，耶穌的禱告方式主要是在隱密處。儘管我們看到幾處經文記載祂公開作的禱告，有一處則記載一個較長的禱告，亦即大祭司的祈禱（約十七），但祂慣常的方式是起個大清早獨自去禱告（可一35），或是在下午叫群眾都散開後，躲到僻靜的地方去禱告（可六 46），或是當眾人都入睡後獨自整夜禱告（路六 12）。

相較之下，今日的宗教領袖們恰恰相反，他們自命清高的禱告是為了表現自己，想要給群眾留下深刻印象，使眾人相信他們是聖潔的屬靈巨人。耶穌稱這種人是假冒為善，換句話說，在舞台上演給人看的。想想耶穌在馬太福音六章 5 節所說的：「你們禱告的時候，不可像那假冒為善的人，愛站在會堂裡和十字路口上禱告，故意叫人看見。我實在告訴你們，他們已經得了他們的賞賜。」

我們得承認一件事，每個人都喜歡被喜愛、受尊重，成

為大眾關注焦點的感覺真好。作為一個人能被重視固然有益健康，我們對神的信心與服事仍應該總是謙卑與真誠。禱告的目標對象永遠只有一位，就是我們可畏的神，祂是唯一的聽眾——不是為了從人來的、善變又短暫的稱讚。

這不是說公開禱告不對，帶別人作禱告有時是你所能做的最有愛心、最像基督的事了。摩西、約書亞、大衛、所羅門，甚至耶穌自己，必要時都曾在一大群人面前禱告。他們是帶領別人把焦點轉向神，不是為了製造好印象，也不是為了按讚數。他們並不會出於對人的懼怕，害怕在公眾面前禱告——那是另一種形式的驕傲。在第一世紀那些「愛人的榮耀過於愛神的榮耀」（約十二43）的人，都害怕公開承認基督，因為他們不想招惹法利賽人。

不管我們做什麼，都應該向自我死，以討神喜悅作我們唯一的目標，誠如使徒保羅所說：「我現在是要得人的心呢？還是要得神的心呢？我豈是討人的喜歡嗎？若仍舊討人的喜歡，我就不是基督的僕人了。」（加一10）千萬不要忘了，唯獨神創造我們，我們也屬於祂；唯獨神是聖潔的至高統治者，祂比我們自己更認識我們；唯獨祂應允禱告並有一天將審判我們；唯獨祂的意見至關緊要。尋求祂討祂喜悅，應該是第一優先。

我們應該一直在這種思考模式下禱告，當我們帶著敬畏、謙卑和真誠的心來到神面前，這種心態也應該反映在我們祈禱的言語上，不管身旁有沒有別人在聽。每次禱告時必須檢查自己的動機，將任何的驕傲釘死。

假冒為善必須去掉，對人的懼怕必須去掉。帶別人一起禱

告是一件嚴肅的責任，千萬別自以為是鎂光燈焦點，要單單聚焦於神。

　　公開禱告時出於正確的動機很重要，也會對信徒的生命大有功效，但當耶穌說「你禱告的時候」，其實在暗示你每日禱告生命的預設值應該是：「要進你的內屋，關上門，禱告你在暗中的父；你父在暗中察看，必然報答你。」（太六6）

　　在教會裡合一的集體禱告可產生極大的能力，耶穌卻在此暗示，獨自在隱密處向神禱告是基本最重要的。任何人為了作給人看而禱告，那麼他們已經得到僅有的獎賞了。他們的「表演」獲得的好處就只有觀眾給的浮雲虛名，一點也得不到從神來的祝福或供應。

　　事實上，神恨惡驕傲，「耶和華厭惡心驕氣傲者，他們必逃不過祂的責罰」（箴十六5，當代譯本）。祂厭棄那些求取自己榮耀卻裝作要給祂榮耀之人的偽善（箴八13；太十五8）。

　　密室的禱告使你摒除分心的事，使你全副注意力與焦點都放在愛慕神、向祂認罪、感謝祂的祝福和引導、陳明你的需要和請求。密室禱告幫助你保持謙卑、真實，與祂同在裡只求能更加認識祂、愛祂、榮耀祂，不求其他的賞賜。密室禱告有助於除去自私的動機，只有你和神，「所以，你們要自卑，服在神大能的手下，到了時候他必叫你們升高。你們要將一切的憂慮卸給神，因為他顧念你們」（彼前五6-7）。

　　此外還有一個好處，在馬太福音六章6節耶穌說，你的天父在那隱密處，看見你在暗中為祂做的事，必賞賜你。神既然

說了，祂在隱密處，那麼我們為何不想到那裡與祂相會呢？誰不想要獲得神的賞賜呢？誰不想要神應允他們所求的？如果神的兒子經常在隱密處尋求祂的父，命令我們照樣去做，為什麼我們不願意呢？

我們對這些問題的答案也暴露了我們的心思，如果我們發現自己比較多在人前禱告，比較少在密室禱告，那就很有可能是在追求人的稱讚。就算我們真的有在密室禱告，卻出去大肆宣傳，那也是把我們的驕傲暴露出來。當四下無人，看見我們的只有神，沒有別人只有祂側耳傾聽時，我們的動機就會比較單純。

在密室內最能清楚顯示你的真心，換句話說，密室裡的你是真實的你。那是在沒有人知道也沒有人聽見時，你心裡所想的事；那是在沒有人看見時，你所做的事。箴言有句話論到人的本性，很有智慧：「他心怎樣思量，他為人就是怎樣。」（箴二十三7）這就是為什麼在密室尋求神是如此大有能力，因為可以測試分辨我們的真偽。

與神單獨相會就是表示：「我選擇祢勝過其他一切，比起其他任何人，我想要尋求祢、認識祢、聽祢說話。」當我們把全副注意力都給祂——愛祂、敬拜祂、讀祂的話語、聆聽祂說話並順從——祂就喜悅且得尊榮。接著祂選擇用祂所知最好的方式賜福或獎賞我們，祂做的絕對比我們更好，祂會在「適當的時間」賜下獎賞，請思想以下經文……

> 住在至高者隱密處的，必住在全能者的蔭下（詩九十一1）。因為我遭遇患難，他必暗暗的保守我；

在他亭子裡，把我藏在他帳幕的隱密處，將我高舉
在磐石上（詩二十七5）。耶和華與敬畏他的人親密；
他必將自己的約指示他們（詩二十五14）。

你成功的祕訣將來自你的密室。你的失敗也必來自你在密
室的失敗。

進去吧，住在那裡，逃到那裡，在那裡敬拜，在那裡禱告。

並保持這個祕密。

P_{ray} 禱告時刻

主啊，求祢指示我為何錯過那麼多與祢獨處的機會。求祢幫助我明白與祢安靜獨處的時間非常寶貴。在那裡我最能聽清楚祢的聲音，最能誠實地面對祢，也最能享受祢同在的祝福和賞賜。主，感謝祢選擇如此親近我，又邀請我花時間與祢獨處，只有我跟祢。幫助我完全除去自己的驕傲，也幫助我喜愛花時間單單親近祢。奉耶穌的名禱告，阿們。

$Q_{uestion}$ 問題討論

· 當你跟別人一起禱告時，可曾受過試探，為了給人留下深刻印象故作姿態？

· 為什麼？或為什麼沒有？

· 為什麼在密室禱告可能很難？

· 在密室禱告有哪些益處？

18

你的心：順服 vs. 悖逆

我們心中天良的虧欠已經灑去，……就當存著誠心和充足的信心來到神面前。（來十 22）

LET US DRAW NEAR WITH A SINCERE HEART IN FULL ASSURANCE OF FAITH, HAVING OUR HEARTS SPRINKLED CLEAN FROM AN EVIL CONSCIENCE.

想像一下，你吩咐子女去把他們亂七八糟的房間整理乾淨，兩小時後你走進去看他們圍坐在地板上，手牽著手禱告，祈求神顯明祂的旨意要他們從哪裡開始打掃。你聽到他們求神賜下清潔的靈，給他們所需要的一切裝備，使這髒亂的房間恢復整潔。

崇高的禱告卻沒有順服，悖逆用代禱包裝，你會作何反應？會不會想告訴他們快停止表演，趕緊動手照你吩咐的去做？顯然此刻他們所需要的不是更多禱告，是順服。

許多人就是這樣處理禱告這件事，他們躲在它後面，希望用它來掩飾其他方面的不順服，因為比起禱告，去做那些事要付出的代價太大。神一直吩咐他們去做，他們卻不停地「為那

禱告」，沒有半點行動。

　　順服的生活型態——儘管並非換取救恩的條件——卻是禱告蒙應允的一個關鍵。如果你有一個孩子聽你的話又順服你，另一個孩子把你的話當耳邊風又叛逆，你比較有可能照哪個孩子的要求給呢？為何有人嘴裡稱耶穌「主啊主」的，卻不認真看待祂說的話呢？（路六 46）

　　邏輯再清楚不過了，耶穌也說得很明白：「你們若愛我，就必遵守我的命令。」（約十四 15）意思並不是我們能夠把事情做到十全十美，但，我們又怎能跟祂這話爭辯呢？不憑信心與順服跟隨祂，又聲稱完全忠於祂，我們對祂的愛，頂多像一杯溫咖啡。

　　所以，神在告訴我們不要禱告？這觀念雖然在某種意義上是違反直覺的，實際上有個事實我們無法迴避：心裡悖逆，嘴巴禱告，是互相矛盾的。這就是為什麼聖經其實不只一次這麼直接、令人驚訝地啟示——告訴我們不要禱告。

　　例如，當約書亞試圖了解以色列慘敗於艾城的原因，尤其之前才剛橫掃堅固城邑耶利哥，這一仗只是攻打一個小小的城市卻輸得灰頭土臉。神對他說：「起來！你為何這樣俯伏在地呢？以色列人犯了罪，違背了我所吩咐他們的約。」（書七 10-11）神說，他應該採取更好的行動，就是去把問題的根源找出來，把它從營中除去，他們跟神的關係才會恢復。現在就停止禱告，開始清掃家裡。

　　神也指示幾位先知停止為以色列這頑梗悖逆的世代祈禱，

「你不要為這百姓祈禱；不要為他們呼求禱告，也不要向我為他們祈求，因我不聽允你。他們在猶大城邑中和耶路撒冷街上所行的，你沒有看見嗎？」（耶七 16-17）祂反問道——倘若他們仍舊去拜偶像——「以色列家啊，我豈被你們求問嗎？」（結二十 31）「你們若甘心聽從，必吃地上的美物，若不聽從，反倒悖逆，必被刀劍吞滅。」（賽一 19-20）

順服很重要，不是依照邏輯，不是一種驕傲，也不是跟別人比較。基督門徒的生命絕對不是隨便做一點，只求最低標準就好，好像禮拜天早上去教會就足以自我感覺良好。真正在基督裡的人是穩定地朝更順服祂的方向前進，「凡向他有這指望的，就潔淨自己，像他潔淨一樣。……行義的才是義人，正如主是義的一樣」（約壹三 3, 7）。

禱告給你持續追求的動力，光想要與祂親近，就值得你如此行了。能夠來親近祂、讚美祂、以祂為樂、與神的想法一致，這種經驗沒有任何一種「罪中之樂」能相比（來十一 25）。隨著每一次得勝而來的屬靈新動能，會使你不想看到有任何阻礙介於你跟神之間。

「對慈愛的人，你顯出你的慈愛；對完全的人，你顯出你的完全；對清潔的人，你顯出你的清潔。」「狡詐」的人眼中的神是「狡猾」的，好像得需要跟神角力和爭論似的（詩十八 25-26，新譯本）。以清潔的心禱告，就像開一部擋風玻璃乾乾淨淨的汽車上路，看神所做的每一件事都覺得很棒。

所以「親愛的弟兄啊，我們的心若不責備我們，就可以向

神坦然無懼了。並且我們一切所求的，就從他得著；因為我們遵守他的命令，行他所喜悅的事」（約壹三 21-22）。你可有遵守祂的命令？

看看你所祈求的事情，想想你是否看到果子形成，有著蒙神賜福的記號？倘若情況不是這樣，雖然不一定代表你的生命與神的道不同步，不一定代表你沒有敞開心順服祂，但是，你可曾想過察驗看看？會不會找出你生命中有任何一直在悖逆和抗拒的地方，現在祂是不是利用這等候的時間，要把那些從你裡面拔出來？就像園丁拔雜草一樣，你應該與祂一同斬草除根。

或亦你正在祈求的事，雖然的確是發自一顆願意、樂意的心，此刻有沒有可能祂對你的要求不是更多禱告，是要你起來行動？指派給你的工作已經堆積如山，是不是還有什麼事你一直拖延？例如原諒某個你試圖不去想的人？履行一個你希望別人快點忘掉的承諾？有時候我們的禱告事項正等著我們用充滿信心的行動跨越橋梁。是否神已經告訴你要去做某件事，你卻一直不順從？何不今天就開始行動？

禱告然後順服，順服然後禱告。把這兩件事放在一起，你就得到一個滿有能力的組合。

Pray 禱告時刻

天父，求祢饒恕我過去的不順服和悖逆祢的事情——我從未真正認罪、也未曾努力去戒掉的那些事。求祢洗淨我，使我的心回轉過來，快快地順服祢。今天我要順從耶穌基督，我不要再抗拒祂、跟祂爭辯、跟祂理論，或是躲在禱告背後。主，我要順服。幫助我順服祢。奉耶穌的名禱告，阿們。

Question 問題討論

· 一個順服的孩子跟一個悖逆的孩子都對父母提出要求，父母的回應會有什麼不同？

· 有些人可能會如何利用禱告來掩護不順服？

· 彼此分享一下是否神已經感動你去做某件事，但你可能還需要一些鼓勵才會真的去做。

19

你的心：堅持 vs. 不耐

凡等候你的必不羞愧。（詩二十五 3）

Indeed, none of those who wait for You will be ashamed.

堅持是有效祈禱不可或缺的一部分，無論你等 20 分鐘或 20 年才等到神的應允，都絕不應該放棄跟祂求。聖經中，神啟示祂要我們耐心地屈膝仰望祂，祂見到我們憑信心而行，來到寶座前時顯出倚靠祂的心，祂就喜悅。事實上，神可能使用延遲的手法來顯明我們內心的狀況，或顯明我們信靠祂到什麼程度。於此同時，我們必須憑信心仰望等候祂。

當掃羅王對神失去耐心時，便很不明智地任憑己意行事，因此付上沉重的代價，失去神的祝福（撒上十三 8-14）。撒迦利亞等候神賜給他一個孩子（路一 5-13），聽到主的天使告訴他將要生一個兒子，是既震驚又高興。從他祈求神給他一個兒子，少說也有幾十年了。

耶穌說：「你們要時時警醒，常常祈求。」（路二十一36）保羅說我們應該「不住的禱告」（帖前五 17），還要「恆切禱告，在此儆醒、感恩」（西四 2），專心致志地這樣做吧。

　　聖經教導的這個功課一再反覆出現，為讓我們確實知道它極其重要。馬太福音七章 7-8 節，耶穌說：「你們要不斷祈求，就會得到所祈求的；不斷尋找，就會找到；不斷敲門，門就會向你們打開。因為凡祈求的，就會得到；尋找的，就會找到；敲門的，就會為他開門。」（新普及譯本）在路加福音十八章 1 節，祂進一步教導說，我們「要恆切禱告，不可灰心」。

　　你明白了吧？我們為所需要或渴望的事祈求時，倘若沒有立即獲得回應，可不要只禱告一次就放棄或把禱告拋到腦後。神做事不是照我們的時間表，是照祂的時候。神顯然喜悅我們運用信心堅持禱告，因為那顯示我們心中認定祂、倚靠祂。

　　禱告不可灰心，就像那個比喻中堅持懇求不懈的寡婦（第十六章提過），就算那個審判官不敬畏神也不關心人，終究不堪其擾替她伸冤了，那麼我們慈愛又樂意的神，豈不更願意回應祂兒女堅持不懈的祈求？

　　問題絕對不在神那邊，問題永遠出在我們缺乏耐心，太習慣立即獲得回應。我們到速食店點餐後不出幾分鐘，餐點就送到眼前；傳個訊息給朋友，幾秒鐘後就能得到回應；上傳一張家族照片到網路，不到一分鐘就可以完成。神不是我們的門僮，也不欠我們即刻的回應，當然祂能立即回應，如果祂想的話。通常祂會等待，等到完美的時間點，祂的時候永遠比我們的更滿有榮耀。

　　查考聖經裡堅持不懈的禱告，以及神應允禱告的時間有長有短的最佳人物實例就是以利亞。在迦密山上與巴力的假先知們對峙時，他禱告一次，火就從天降（王上十八 37-38）；

為那寡婦斷氣的兒子禱告時，禱告了三次，那孩子才死而復生（十七 21-22）；當他求神降下雨，一共禱告了七次才成功（十八 41-44）。

我們不知道神的回答會不會立即出現，還是再過幾天，甚至再過幾年才會到。重點是，我們確實知道祂坐在寶座上，從一個完美的制高點運作，有時候祂等，有時候祂說：「他們尚未求告，我就應允；正說話的時候，我就垂聽。」（賽六十五 24）祂等到亞伯拉罕 100 歲了才賜給他以撒，可能這樣祂更加得榮耀。但是，亞伯拉罕的僕人祈求神為以撒供應一位妻子的禱告還沒說完，神早就差利百加去打水了（創二十四 15）。

之前我們講到史上最偉大的祈禱者之一，喬治．穆勒，他一生中祈禱蒙應允的記錄共 50,000 筆，其中 5,000 筆是禱告的當天就得著了。雖然有這樣驚人的比率，這也意味著他所有蒙應允的禱告中有 9 成是過一段時間才得著，甚至是幾十年以後。他為某一名男士得救禱告了 63 年，從未放棄，直到穆勒逝世那人都還沒信主。他被這位神的忠僕所感動，就在穆勒的葬禮之前禱告接受基督。

喬治．穆勒說過：「我活在禱告的靈裡。我邊走邊禱告，我躺下時禱告，我起身也禱告。我祈求的回答總會來到。數不清有多少次我的禱告蒙神應允。一旦我深信某件事是對的，是為了神榮耀的緣故，我就會持續為那件事禱告，直到神應允為止。喬治．穆勒從不放棄！」

我們要像他一樣相信神能迅速應允一個祈禱，同時也認定神的全權，深知祂知道什麼對我們最好，又能使祂得榮耀。我

們不可灰心而停止尋求祂，因為祂賜福給禱告不灰心的人。

「你當默然倚靠耶和華，耐性等候他。」（詩三十七7）、「要等候耶和華！當壯膽，堅固你的心！我再說，要等候耶和華！」（詩二十七14）、「我等候耶和華，我的心等候；我也仰望他的話。」（詩一百三十5）、「但那等候耶和華的必重新得力。他們必如鷹展翅上騰；他們奔跑卻不困倦，行走卻不疲乏。」（賽四十31）

神非常有耐心，祂必不延遲回應我們的祈禱，祂連一天也不會耽誤。祂的時候總是完美的，不僅年月日恰恰好，甚至分秒不差。我們可以倚靠祂也應該不斷地把憂慮卸給祂，堅持又有耐心地不住禱告。

「但是，耶和華啊！我還是倚靠你；我說：『你是我的神。』我的一生都在你的手中。」（詩三十一14-15，新譯本）

P_{ray} 禱告時刻

主，祢早就在祢的話語中證明，看似延遲其實是祢慈愛看顧的證據，我卻沒有學會好好等待。求祢幫助我，把那顯明祢是良善的天父、我們是祢兒女的平安、信靠、知足與忍耐應用出來。當我的血氣想要立即行動時，願我的心接受祢的回應。我選擇憑信心相信祢能在眨眼之間行動，我也選擇等候，繼續禱告。

$Q_{uestion}$ 問題討論

· 那些沒有立即獲得應允的禱告，如何試驗和造就我們的信心？

· 分享一個經過一段等待的時間以後，神才應允禱告的見證。

· 為什麼等候神其實對我們有益而且尊榮祂呢？

一顆堅持的珍珠

有一個堅持禱告不懈的見證深得我心，是我們教會裡一位名叫珍珠的可敬女士，她在 1964 年，35 歲時將生命主權交給基督。之後她開始跟她丈夫理查一起禱告，其中一個禱告是求神拯救她的姊姊瑪麗，瑪麗那時住在紐約的長島。珍珠與理查禱告了幾十年，都沒看到姊姊有任何改變，每次他們提起信仰的話題，瑪麗就非常抗拒地立刻擋回去：「我對那個沒興趣，我不想談。」

瑪麗的丈夫於 1994 年逝世後，她就搬到喬治亞的阿爾巴尼，住在珍珠與理查附近。5 年後，理查也過世了，珍珠雖失去禱告同伴，教會主日學的弟兄姐妹仍持續關懷瑪麗，固定為她信主得救代禱。可是情況依舊，看不到她有任何改變，她依舊完全封閉，說她一點都不想跟上帝扯上關係。

又過了 8 年，到了 2007 年 10 月，瑪麗在 90 歲高齡被確診為阿茲海默症，她數度中風，逐漸失智。到了隔年 3 月，醫生建議把她移入安寧病房。珍珠天天陪伴在她身旁，禱告不曾間斷。

4 月，瑪麗吃不下東西，漸漸進入脫水狀態，有一天，她全身都顯示衰竭的徵兆，被送去急診室。那一晚，珍珠比以往更加迫切地禱告——「求主憐憫」——為姊姊的得救懇切祈求。她打電話給教會的弟兄姊妹，請求他們一起代禱，她說她不能眼睜睜看著姊姊不信基督而死去。

瑪麗的身體無法再戰鬥了，大約晚上 10 點，她的心臟停

止跳動。她死在急診室的病床上，仍舊未信靠基督。

故事結束了。是嗎？

她病房的警鈴大作，醫生衝回去，即使之前已確認她的心臟停止了，他們仍為她進行電擊，刺激她的身體系統，她再度醒了過來。珍珠心想：或許神對瑪麗的工作尚未完結。

於此同時，我們教會的長青團契傳道——名叫湯姆的弟兄——正躺在床上試圖入睡，卻感到神彷彿要告訴他什麼事。這些年來他因為常跟珍珠互動，所以也認識瑪麗，當然，因為服事這些年長弟兄姊妹的緣故，他也知道瑪麗身體的情況，包括那天她被送去醫院的事。雖然夜已深，雖然他身體疲憊，他還是服從靈裡不斷地催促，和他太太起身著裝，開車去醫院，找到瑪麗的病床。

他們抵達時，她罕見地神智清醒，尤其幾小時前她才停止心跳突然死去，這情況真的很不尋常。她立刻就認出湯姆，一開口竟說：「湯姆，今天我翹辮子了。」他握著瑪麗的手，說：「瑪麗，你知道時候不多了，神仍然願意拯救你，你不認為這是把生命交給耶穌基督的時候嗎？」

如今她能說什麼呢？她說她願意。現在她準備好接受基督了。瑪麗跟著湯姆作了禱告，就在急診室裡把生命交給基督，她妹妹耐心的禱告終於看見結果，自是高興的無法形容。

不過瑪麗依舊病危，幾天後離世了，安寧病房的護理人員說，以前看她總是滿面愁容又疲憊的樣子，在她離世前那幾天，面容卻是無比寧靜安詳。

　　這個見證大大激勵了我們教會的弟兄姊妹，教會的大家庭聽到了好消息，為著信實的神應允禱告歡喜快樂。珍珠仍然提醒大家千萬不要放棄禱告，她說：「我們就是不能放棄或停止禱告。」

Part 4 戰略

Strategies

20

神的道

耶和華的命令清潔，能明亮人的眼目。（詩十九 8）

THE COMMANDMENT OF THE LORD IS PURE, ENLIGHTENING THE
EYES.

如果你的心與神、與他人和好，你也準備要禱告了，那麼
有什麼可作為你禱告的指引？當然，禱告可以直接發自內心，
不一定需要經文，也不需要照著念或背誦什麼。禱告是個人的
事，完全是獨一無二的，即使有這麼多自由，神確實提供了強
大的資源，幫助我們有策略又具體地禱告。這是為了幫助你確
定自己的心跳是否與神同步。

　　或許第一也是最全面的指引，就是用神在祂的道中已經說
過的話語來禱告。

　　人是善變的，有時熱情有時冷淡，今天高漲的心情和情
緒，不到一個禮拜就差不多忘得一乾二淨。當我們用聖經所啟
示的話語和思想來禱告，就可確保禱告扎根於數千年，甚至延
續到永恆的真理根基上，保持我們的禱告堅定不移、持續不輟。

　　你可能會想：「我對聖經不大熟，若要找跟我的情況相關

關的經文，不知道該從何查起。」那不是問題，你也可以為那禱告，你若尋求神，神必指引你。因為當你開始投入閱讀、查考和默想神的道，藉著你所發現的，聖靈會很快的把經文「栽種」在你心裡（雅一21）。耶穌吩咐你要「住」在祂裡面，讓祂的話語「住」在你裡面。在這樣的條件下，「凡你們所願意的，祈求，就給你們成就」（約十五7）。你會感到非常驚訝，祂不但會在你禱告時讓你想起一節經文，還會讓你想起許多處經文，應用到你當下的情況。你越常住在祂的話裡——讀它、用它寫靈修日誌、畫線默背它，它就越能成為你的第二天性，差不多像第二語言那樣。

或許你和你的朋友或家人是某個電影或電視節目的粉絲，你們都看過很多遍，偶爾會套用劇中人物的台詞一來一往，成為你們共通的語彙。

同樣原則可用在聖經——而且更適用，因為聖經裡的話並不是陳舊、過時、沒有生命的。聖經是活的、積極的。《經歷神》（Experiencing God）作者布克比（Henry Blackaby）長久以來一直教導信徒提到聖經裡的話時，不要說「它說」，要說「祂說」——亦即神說。不像你讀過的其他書籍，你眼前這些話語的作者正親自與你同在，祂就在你身旁，祂正在對你說話，或許對你而言最棒的是，祂正在傾聽。

所以保羅說，當你「拿著聖靈的寶劍，就是神的道」，又穿上你的屬靈軍裝，你就能使用這道「靠著聖靈，隨時多方禱告祈求」（弗六17-18），在祂與我們主動溝通的基礎上，與祂對話。

　　此一禱告策略的好例子，是舊約中尼希米的禱告，他在被擄期間聽說耶路撒冷城殘破荒涼的情況，他就因故鄉深陷苦難的消息非常難過，一連禱告了好幾天，求神為住在那裡或即將歸回那裡的百姓帶來復興、重振力量。他在禱告中承認以色列人得罪了神，他（從聖經的話）了解到他們是罪有應得，原因就如從前神藉著摩西的口，說：「你們若犯罪，我就把你們分散在萬民中。」（尼一8）尼希米也沒有忘記神在另一處經文說過：「但你們若歸向我，謹守遵行我的誡命，你們被趕散的人雖在天涯，我也必從那裡將他們招聚回來，帶到我所選擇立為我名的居所。」（9節）尼希米之所以能夠對這盼望和應許有把握，是因為他知道怎樣將神的本性應用到眼前的情況。

　　你也可以這樣做：感到疲乏困倦時你能禱告，因知「那等候耶和華的必從新得力。他們必如鷹展翅上騰；他們奔跑卻不困倦，行走卻不疲乏」（賽四十31）。

　　當受到某個艱鉅的挑戰和壓力時，你要像大衛那樣「從地極求告」神，說：「我心裡發昏，求你領我到那比我更高的磐石。」（詩六十一2）即使三千年後的今天，神依然垂聽人求告祂。

　　不確定下一步該怎麼走的時候，或許你有一刻懷疑祂並不關心，或是無力幫助你，這時你要在禱告中提醒自己：「耶和華啊，認識你名的人要倚靠你，因你沒有離棄尋求你的人。」（詩九10）

　　大衛王敬拜神，你也一樣能敬拜神，說：「我的心滿足，就像飽享了骨髓肥油；我要用歡樂的嘴唇讚美你。」（詩

六十三 5，新譯本）晚上就寢前，他瞻仰神的榮面，作為一整天最後一個意念，他又說：「當我醒來，與你相會我就心滿意足。」（詩十七 15，新普及）希望神作他早晨醒來的第一個念頭和第一個禱告。

神的話能引導你獻上愛慕的禱告：「耶和華啊，尊大、能力、榮耀、強勝、威嚴都是你的；……豐富尊榮都從你而來，你也治理萬物。在你手裏有大能大力。」（代上二十九 11-12）

你的認罪禱告：「神啊，求你為我造清潔的心，使我裏面重新有正直（或譯：堅定）的靈。……求你使我仍得救恩之樂，賜我樂意的靈扶持我。」（詩五十一 10, 12）

你的感恩禱告：「你們要稱謝耶和華，因他本為善；他的慈愛永遠長存！……我要稱謝你，因為你已經應允我，又成了我的拯救！」（詩一百一十八 1, 21）

你的懇求禱告：「耶和華——萬軍之神啊，求你聽我的禱告！……他未嘗留下一樣好處不給那些行動正直的人。」（詩八十四 8, 11）

如你所見，詩篇裡有禱告與讚美的豐富寶藏，是很棒的禱告起點。要預期神會從聖經各卷書裡發出亮光，顯明祂的意念，不要只把聖經當作閱讀材料，請打開心把它當禱告資源領受。當你拿著聖經進入你的禱告密室，它不僅是你的良伴，也是你的啟迪、你的來源，你可靠的庫房，和可信的應許金礦。當你不知道說什麼的時候，讓聖經引導你的禱告。

Pray 禱告時刻

主，因祢的話語我獻上感謝。感謝祢讓我不用自行揣測祢是怎樣的神，或猜測祢要應允什麼。我向祢祈求，不但將祢的話深印在我心，也以祢的道指引我的手和腳來服事祢，順服祢，在祢面前保持手潔心清。我願真實地愛祢的道，緊緊抓住祢的真理、慈愛和智慧，像抓住救生索一樣。

Question 問題討論

‧ 哪些經文對你最有意義？

‧ 你如何更有效地把這些經文用在你的禱告裡？

‧ 你的讀經和查經如何能更提升，好讓神的話語引導你禱告？

21

神的旨意

因為我從天上降下來，不是要按自己的意思行，
乃是要按那差我來者的意思行。（約六 38）

I HAVE COME DOWN FROM HEAVEN, NOT TO DO MY OWN WILL,
BUT THE WILL OF HIM WHO SENT ME.

「**我**們若照他的旨意求甚麼，他就聽我們，這是我們向他所存坦然無懼的心。既然知道他聽我們一切所求的，就知道我們所求於他的，無不得著。」（約壹五 14-15）

　　對我們任何人來說，全世界最棒的地方就是走在神的旨意裡。祂完美的計畫必為祂帶來最大的喜悅，不單是對我們最好，必將帶給神最大的榮耀。幸好祂已應許祂每一個兒女都能常行在祂旨意中。

　　許多人深信神的旨意是不可知的謎，全是黑影與奧祕，頂多用直覺加上瞎猜。有時碰到重大決定，嘗試分辨祂的旨意時，面臨的第一個感覺就是無法決斷。要開始為具體的問題尋求神旨意時的最佳策略，首先就是像耶穌那樣禱告——從一開始就完全交託，「不要照我的意思，只要照你的意思」，將我

們自己獻上，可帶我們到祂旨意的顯明處（羅十二 1-2）。

其次，我們應該按照已明確知道符合祂旨意的部分禱告。

神的旨意的主要目的，是在每一件事情上使祂得榮耀。人生背後的最大驅策力就是「叫神在凡事上因耶穌基督得榮耀」（彼前四 11），「耶和華啊，榮耀不要歸與我們，不要歸與我們；要因你的慈愛和誠實歸在你的名下」（詩一百一十五 1）。如果你的渴望是神的榮耀被高舉、被世人知道，那麼你可以有把握祂的旨意會成就在你身上。

神的旨意是在每一個領域裡擴張祂的國度。神的國度是雖肉眼未見，祂卻真實地主宰一切受造萬物。祂正在地上建立祂的統治，當然在天上早已是確立的。耶穌對門徒說「先求神的國和祂的義」（太六 33）意義就在這裡。當你將目標對準祂的國度目標，那麼祂應許必供應你活出豐盛生命所需一切。

神的旨意是在所有的範圍內要基督作主。主權等同權力和權柄，你一定很熟悉對你運用權力和威權的人──老闆、上司、政府官員、父母，必須照他們的吩咐做事。所以，當你奉基督為主，就是用你的生命表示（不是光用嘴巴說）你要完全效忠於祂。你如此將自己獻給祂，是「美事並且與人有益」（多三 8），是遵行祂旨意的祝福。

榮耀，國度，主權──這只是祂向你所定的整體旨意的三大要素。祂也希望你活出聖潔、尊貴的生命（帖前四 3），希望你無論身處任何環境都常常喜樂、不住禱告、凡事感謝（帖前五 16-18），希望你在信心上長大成熟（來六 1），希望你

按時候結果子（約十五 16），希望你與其他信徒保持密切往來，「你們就要意念相同，愛心相同，有一樣的心思，有一樣的意念」（腓二 2）。因此，祂的旨意絕大部分都已經讓我們知道了。不僅祂的話如此宣告，聖靈也在你的心思意念中證實了。

當你為一件事尋求神的旨意——無論是出多少價錢買下這間或那間房子，無論是去附近較小的教會或較遠的那間大教會，無論是對另一個工作機會提出申請或留在原職位，並不外乎神旨意的三大要素，全都互相緊密連結著。你想知道沒有與特定經文關聯的那件事，應該如何決定向左或向右，其實只要專心祈求完全照祂的旨意行，祂的時候一到，你就會很清楚該怎麼做。當你心裡不僅祈求神的旨意成就，同時降服——無論祂顯明祂的計畫是什麼，你終究不會錯過祂的美意，即使拐錯了彎，祂也會救你脫離困境（箴十六 9）。

神常用開啟與關閉機會之門（啟三 8）來指揮我們前進的方向——如果我們以禱告的心跟隨祂與留意，必能分辨當行的路。

保羅常講到當他在決定接下來要去哪裡開拓教會和鼓勵信徒時，神會為他預先開門或關門。有時某些城市發出強烈警訊，他覺得聖靈「禁止」他去（徒十六 6），那門是關閉的。他也講另外有些時刻，神為他開啟傳福音信息的門（林後二 12），印證他當去的方向。有一次在以弗所，神為保羅在這個地區打開「寬大又有功效的門」，使他感到神引導他停留此地超過他原先預計的時間。不過隨著這個大好機會而來的是，

「反對的人也多」（林前十六 9），有人可能會因為前路崎嶇難行，質疑是不是神的旨意——有時難走的路很有可能才是祂真正的旨意。

當你面臨許多艱難抉擇，一邊禱告一邊前進時，不要單憑發生在你周圍的物質事件判斷是不是神的帶領。不要只因為祂的呼召似乎引導你遭遇反對或困難，就斷言祂關閉了那扇門。有時候最困難、最痛苦、最令人害怕或不合邏輯的路，最後卻是那打開的門，上面有祂的指印。當耶穌在園子裡禱告：「不要成就我的意思，只要成就你的意思。」（路二十二 42）然後他起身踏上那條在神旨意中心的艱難之路。

好吧，那要怎麼知道哪一個就是？你該尋找什麼？

其中一個答案是，在暴風雨中有平安。當你知道要做的事是神的旨意——當你所渴望的是祂得著榮耀，當你的目標是參與祂的國度，當你的沒耐心被降服於祂的主權給淹沒時——你就會開始在其他一切內在和外在雜音中「聽見祂的聲音」（約十 4）。那在你裡面的聖靈不住地「照著神的旨意」為你代求（羅八 27），祂必幫助你明白和接受你肉眼未能見到的事。你會知道你眼前這扇門是打開或關閉的，因為必不與祂的話互相矛盾，你會感到祂慈愛的平安充滿你心。

聖經說：「又要叫基督的平安在你們心裡作主。」（西三 15）當你在禱告中陳明你真心的祈願，「神所賜、出人意外的平安必在基督耶穌裡保守你們的心懷意念」（腓四 7）。

這不是只出現幾個小時，黑夜降臨就又陷入惶恐困惑的那

種情緒上的平靜。這與眾不同的「基督的平安」在你心底，往往會得到其他信徒的印證。仇敵可能企圖使你煩躁不安而心生懷疑，但你心中敬畏神、倚靠神的禱告的靈，會保守基督的平安不致於漂離太遠。你將能夠面對充滿不確定的一天，看著門打開關閉，同時鎮靜又平安地等候、守望和工作。你將發現自己這樣禱告著：「主，在這情況下什麼最能討祢喜悅並尊榮祢呢？」、「幫助我辨認祢的心意和渴望。」、「從祢已顯明給我看的事上，祢要引導我怎樣為此禱告？」

　　這就是信心，這就是順服，在你發光與結出果子時，這就是祂的旨意所在。這就是帶來出人意外的平安的那種禱告。

Pray 禱告時刻

主啊，當我祈求顯明祢的旨意並引導我忠心的走在其中時，我知道祢的手巧妙的指引著我。我接受從祢話語來的具體指引，祢的話是我此刻的「腳前的燈，路上的光」（詩一百一十九105）。無論在範圍或規模上，祢都遠高過我，如天高過地（賽五十五 8-9），然而，感謝祢，祢卻俯身低就微小的我，關心我生活的一切細節。求祢照著祢所喜悦的來調整我的心，使我的意念對準祢的意念，指引我走在祢計畫的中心，幫助我按著祢的旨意禱告與生活。我愛祢，我要跟隨祢。奉耶穌的名求，阿們。

Question 問題討論

· 為什麼你認為神的旨意往往看似難以分辨？

· 就連遵照祂已知的旨意去做，我們都要掙扎半天，這種掙扎反映我們內心的什麼情況？

· 當你尋求祂的旨意時，如何經歷到祂的平安？

22

出於神的「凡事」

你們若常在我裏面，我的話也常在你們裏面，
凡你們所願意的，祈求，就給你們成就。（約十五 7）
IF YOU ABIDE IN ME, AND MY WORDS ABIDE IN YOU,
ASK WHATEVER YOU WISH, AND IT WILL BE DONE FOR YOU.

假如聖經說過，不只是為我們所需要的祈求，無論我們想要什麼都可以跟神求，那會怎樣？

好像真的有說過，是吧？你讀過上面那節耶穌所說的經文了嗎？你可聽到祂完全允許「凡你們所願意的」都可以祈求？這真的有可能嗎？神真的會為我們成就？

有人主張神只容許我們為所需要的祈求，絕對不可為我們想要的祈求。聽起來很中肯也很令人欽佩，其實這並不符合聖經。真理是，整部新約從頭到尾都常說到「凡事」，並非僅見於此處經文，「凡你們禱告祈求的，無論是什麼，只要信是得著的，就必得著」（可十一 24）。「你們奉我的名無論求什麼，我必成就」（約十四 13）。「我們一切所求的，就從他得著」（約壹三 22）。「既然知道他聽我們一切所求的，就知道我

們所求於他的，無不得著」（約壹五 15）。以上明顯可見說的就是「凡事都可求」。

當然，我們知道上帝可不是聖誕老人，祂「在天上立定寶座，他的權柄統管萬有」（詩一百零三 19）。我們知道祂不會應允出於罪惡動機的祈求、也不會應允有罪的事（雅四 3）。然而，依照祂的本性，以及祂與人的關係，祂為我們之間創造了「敞開」的氛圍，叫我們儘管向祂祈求美好的事物。「凡我們所求的」若不是祂所喜悅的回應之一，祂又何必吩咐我們大膽向祂祈求呢？

關鍵是，如果你行在祂希望你行的路上，如果祂是你最初的愛，如果你的心願是討祂喜悅，那麼祂也喜悅應允你心所願的事——美善之事。只要你希望祂賜福的動機不是為了去追逐罪中之樂，是以祂為你真實而恆久的喜樂之地，那麼「凡你所願意的」，祈求就必得著的門便為你大開，其規律性甚至到令人驚嘆的地步。

為什麼不應該是這樣呢？就連我們都不會停止為自己的小孩付出，為何神會停止賜福給祂的兒女呢？我們可不比祂更仁慈。當子女求我們給他們真正有需要的東西，我們會毫不考慮的給。神也是。如果孩子所求的正是我們原本就打算給的——類似當我們照著神的旨意向神求，我們不會到最後一刻突然反悔不給他們，神也不會。假如子女求某樣或許就技術上並不需要，卻會令他們歡喜雀躍又顯示父母疼愛的好東西，我們會給嗎？又如果我們知道兒女一直都很孝敬、愛我們、尊重我們在生活中對他們的帶領，那會怎樣呢？我們會不會進一步

設法滿足他們的心願呢？我們竟認為神不會這樣做？

哈拿不需要一個兒子，她跟神求，神就賜給她（撒上一27）。耶穌不需要咒詛那株無花果樹，當時祂那樣想，就如祂所願了（太二十一19）。可是，今天卻有人認為這是不應該的，他們把神形容成又窮又冷漠的爸爸，只讓他的孩子求襪子和內褲當聖誕禮物。

當我們以祂為樂，當我們的心跳訴說著：「主，我的天父，今天我能為你做什麼呢？」祂仁慈的心跳聲也說：「嗯，我的孩子，我能為你做什麼？」

耶穌用口宣告，又用生命實際展現祂永遠做父喜悅的事（約八29），所以我們聽到祂的朋友馬大對祂這樣說：「我知道你無論向神求什麼，神必賜給你。」（約十一22）不應該感到驚訝。耶穌在責備彼得攻擊那來抓祂的人時，說：「你想，我不能求我父現在為我差遣十二營多天使來嗎？」（太二十六53）這是祂與父之間互相理解的關係。子活著是為榮耀父，父喜悅賜福與子，我們都可以活在那樣的關係中。當我們以神為樂，祂說祂就將我們心裡所求的賜給我們（詩三十七4）。

請注意，此處英文「desires 渴望」（中文譯作「心裡所求的」），原文用的其實就是「petitions 懇求」這個字，因此「凡你們所願意的」就不僅僅是一個愉悅的意念，更是一個強大的禱告策略。之前引述過的雅各書四章2節告訴我們，我們得不著神賜與的原因之一，是因為我們不求──不管是缺乏信心，或是自我依賴的膨脹自信，還是其他錯誤的理由。我們因害怕祈求太多所以不敢直接求，如今，從聖經每一節「凡事」

的經文來看，神並沒有說我們只能跟祂暗示有那些美善正當的心願。直接地祈求吧！將那些渴望化為懇求！做球給神然後看祂會怎麼接球！

波阿斯非常喜歡路得，因而給了她一張空白支票：「凡你所說的，我必照著行；我本城的人都知道你是個賢德的女子。」（得三 11）

路得的請求是誠懇的——很多人像這樣獲得一張空白支票時，都不知道該怎麼處理。當希律王對他的繼女莎樂美說：「隨你向我求什麼，就是我國的一半，我也必給你。」（可六 23）她和她那邪惡的母親求的，竟是把施洗約翰的頭放在盤子裡給她。當年參孫放蕩不羈的在罪中度日時，覺得自己想做什麼都可以，就想強娶某一位非利士女子（士十四 2），只不過他後來會後悔這個滿足私慾的愚蠢要求。今天我們常常想要這個，明天又沒興趣了。在美國，車庫大拍賣 [4] 中的大部分「垃圾」，都是某人一度想要得不得了的東西。我們在祈求的時候應該有智慧、謹慎點。

神要你經歷祂應允賜給你不折舊也不會過時的東西，像祂曾對剛登基作王的所羅門說的：「你願我賜你甚麼？你可以求。」（王上三 5）你記得這位年輕的國王求什麼嗎？他跟神求智慧——聖經說「所羅門因為求這事，就蒙主喜悅」（10節）。神確實也想要給他智慧，更勝於財富、長壽和消滅敵人。因為所羅門的心嚮往最好的決定——與神心意相合的決定，神

4　garage sale，類似跳蚤市場，不過是各人在自家車庫中拍賣二手品。

對他說：「你所沒有求的，我也賜給你，就是富足、尊榮，使你在世的日子，列王中沒有一個能比你的。」（13 節）

你的心願有多少是神一聽就喜悅的呢？倘若神非常喜悅你所求的，祂會如何應允呢？

我們事奉的神是「厚賜百物給我們享受的神」（提前六17）。祂喜悅祂奇妙的創造，祂也希望我們以祂為樂，同時享受祂所造的一切美好事物。想想看，祂所造的食物不但是我們生存必須，而且營養、悅人眼目又美味可口。祂大可使每一樣食物嘗起來都像臭雞蛋和塵土，或是根本不必給我們創造味蕾，這樣不是很輕鬆、很簡單嗎？祂不但創造宇宙萬物各有其用，甚至精緻美麗；祂為我們每一個人創造了具有 3D 配備、高畫質、自動對焦、鏡片自動清潔的眼睛，可在實境全景辨識 10 億多種顏色，又將這對眼睛安放在可水平和垂直移動、又可使影像穩定的脖子上。

祂大可使我們身體在聽和看時感覺非常痛苦，因為以人類有限的大腦，得花上好幾個月才能處理完每一秒的視覺資料。相反，祂使我們毫不費力地瞬間處理完成。我們的神創造每一天的美麗晚霞，觸人心弦的音樂，夫妻間親密的欣快感。祂既創造了草莓和蜂蜜，就不會使我們只對蘿蔔和蘆筍有胃口。

魔鬼要我們把神看作是單調枯燥的，把罪看作有趣快樂的；把公義看作討厭的，把淫亂看作是解放。真相是，魔鬼從來不曾創造過任何美好的東西，講白了，他根本不曾創造過任何東西。你一生曾經享受過的每一樣美善的恩賜，都是從神那裡來的（雅一 17）。

因為神應允禱告，你不會是最後一次見到以上的恩賜——
如果你心以神為樂。

專心跟從祂，活著是為了討祂喜悅。認定祂是你的一切，
你就可以自由地跟祂求任何事情，因知祂若不是把你求的那個
賜給你，就是要給你更美好、更大的……因為祂喜悅成全祂所
愛的兒女的心願。

Pray 禱告時刻

主啊，非常感謝祢喜悅賜福與我，祢所賜的美福，我一個也不想錯過。求祢使我常緊緊跟隨祢，不讓祢我之間有任何事物阻隔。祢已把緊緊跟隨祢的渴望放在我裡面，我知道在祢對我的旨意以外，沒有半點喜樂。我知道祢對我的良善與恩慈深不見底，這真理使我打從心底愛祢。

Question 問題討論

- 為有罪的事或自私的事祈求，以及自由地祈求你心所願的美好事物，二者之間的平衡點在哪裡？請討論。

- 是否曾經歷神以超過基本需求的方式回應你的禱告，只為了顯明祂的慈愛？請分享一則這方面的見證。

23

神的奇妙之名

耶和華啊，你榮耀之名是應當稱頌的！超乎一切稱頌和讚美。
（尼九 5）

O MAY YOUR GLORIOUS NAME BE BLESSED AND EXALTED ABOVE ALL
BLESSING AND PRAISE!

約翰‧史密斯博士（Dr. John Smith）在不同的時候有不同
的名字。他的父親叫他「兒子」，妻子叫他「親愛的」，病人
稱他「醫師」，教會朋友喊他「Jack 弟兄」。在醫院他是「最
有禮貌的巡房醫師」，當地一家餐廳稱他是「那個小費給得很
大方的快樂基督徒」。「約翰」指的不是一群人，他是一個有
多重角色和性格特質的人。約翰是怎樣的人、從事什麼工作、
與他人的關係如何，從他的每一個名字或頭銜多少都透露一
點。同樣的，聖經啟示獨一真神有很多個名字，我們可能出於
各樣的原因來向祂禱告。由於祂是永恆的、無限的神，聖經用
來描述祂的許多頭銜既廣大又驚人。而最重要的，是神的每一
個名字都幫助我們更了解祂、看重祂、敬拜祂。

　　埃及人和希臘人依據自己的需求向各種虛構的神明祈禱，

我們跟他們不一樣，敬拜的是獨一真神。祂是永活的、無限的，是造物主又是萬物之王，是神聖又至高的，是救主並掌管一切，我們在各種環境下所需要的，祂都能供應。

隨著我們發現並熟悉神的不同名字，不但得以更深入認識神，還能更親密地與祂個別相交。

神的許多名字都列在本書附錄內，我們鼓勵你盡可能多瞭解、多用在禱告中，有助於你更深認識神和敬拜神。限於本章篇幅，我們將提到其中幾個名字，讓你了解其中重要性並能整合運用在禱告策略上。

讀聖經時會發現神的名字反映出祂「眼不能見的神性和祂永恆的大能」（羅一 20），換言之，祂是名實相符的。

能發現更多關於神的事是多麼大的榮幸啊！祂的名字珍貴無價，知道祂的名字是我們的專屬特權，也使我們禱告有能力。在與神的互動中經常提到祂的名字，我們求告主名就必得救（羅十 13），我們在作見證時宣講主名（徒九 20），在敬拜中讚美主名（詩一百三十五 1），在每日生活中倚靠主名（詩三十三 21），在代求時奉主的名禱告（約十四 13）。

有些名字則在祂的工作或祂的創造以外，描述祂是怎樣的神：神（Elohim）、主耶和華（Yahweh）、至高神（El Elyon）、永生神（El Olam）。

有些名字與祂為我們所做的事有關：「這位神就是那為我伸冤的。」（詩十八 47）、「耶和華是醫治你的。」（出十五 26）、「神是扶持我命的。」（詩五十四 4）

　　祂的頭銜、權柄地位和角色，有一些是跟祂所造的萬物有關係的，包括：上主（Lord，和合本譯耶和華）、創造者、供應者、維持者、全能者、擁有者、主宰。聖經中第一個出現的神的名字是：神（Elohim），是複數型態，有時用來指稱三位一體的神，啟示我們聖父、聖子、聖靈在創造宇宙萬物時都在、都有參與（創一 2, 26；約一 1-2；西一 16）。

　　有些名字是專指三位一體中的一位：

　　聖父神，有時稱為：神（詩二十二 1；賽五十三 4），上主／耶和華（賽五十三 10），耶穌基督的父神（彼前一 3），孤兒的父（詩六十八 5），等等。

　　聖子神，被稱為：受膏者（徒四 26）、神羔羊（約一 29）、神所立的基督（路九 20）、神的獨生子（約三 16）、阿拉法（Alpha）和俄梅戛（Omega）（啟一 8）、人子（約五 27）、我們信心的創始者和完成者（來十二 2）、萬王之王、萬主之主（啟十九 16）。

　　聖靈神，被稱為：基督的靈（彼前一 11）、保惠師（或訓慰師，約十四 16）、永生神的靈（林後三 3）。

　　為了讓我們能更認識祂，神希望我們認識祂的名字。這些名字也是我們用來敬拜和讚美祂的方式，當我們想要尊榮祂的某個屬性，或是針對一項需要呼求祂幫助時，會特別想起反映那屬性的名字。祂的名字是神聖的、聖潔的、尊榮的、高過於其他一切名字，這就是為什麼絕對不可妄稱，也不可輕率無禮地使用祂的名字。相反，我們讚美和敬拜祂和祂的名，尊崇祂

的屬性、能力和地位。

詩篇九十一篇 1-2 節這樣形容神：「住在至高者隱密處的，必住在全能者的蔭下。我要論到耶和華說：他是我的避難所，是我的山寨，是我的神，是我所倚靠的。」單這兩節經文就提到神的不同名字與描述：至高者（Elyon）、全能者（Shaddai）、耶和華（Yahweh）、我的避難所、我的山寨、我的神（Elohim）。

耶穌的名對我們而言是最寶貴的，因為「神將他升為至高，又賜給他那超乎萬名之上的名，叫一切在天上的、地上的，和地底下的，因耶穌的名無不屈膝，無不口稱耶穌基督為主，使榮耀歸與父神」（腓二 9-11）。

當我們口稱耶穌基督為主，神的其他名字對我們就更有意義了。如此一來，耶穌成了我們的救主、王和大祭司。父神成了我們的天父和全能神，聖靈成了我們的幫助者和保惠師。

當我們向神禱告時，也能依據祂所是和所做的，以及從我們對祂無窮大能與榮耀的了解來求告祂的名。耶穌為我們示範如何按著祂在當前情況中的獨特身分禱告，好比說「要收的莊稼多，做工的人少。所以，你們當求莊稼的主打發工人出去收他的莊稼」（太九 37-38）。

保羅寫道：「但願使人有盼望的神，因信將諸般的喜樂、平安充滿你們的心，使你們藉著聖靈的能力大有盼望。」（羅十五 13）又說：「願賜平安的主隨時隨事親自給你們平安。」（帖後三 16）

就算不知道有哪個名字可用，我們仍能隨時隨事讚美神，在有需要的時刻宣告祂掌權：「神，我知道祢是掌管天氣的主，所以我向祢祈求降雨在我們的城市。」或「神，祢是最大的醫生，在這場手術中，求祢引導醫生們。」

祂也有一些較為正式的名字。

當我們匱乏的時候，
神是耶和華以勒（Jehovah Jireh）——我們的供應者。

當我們與疾病搏鬥時，
祂是耶和華拉法（Jehovah Rapha）——我們的醫治者。

當我們需要安慰時，
祂是耶和華羅以（Jehovah Raah）——我們的牧者。

當我們懼怕或受壓時，
祂是耶和華沙龍（Jehovah Shalom）——我們的平安。

當我們需要被赦免與潔淨時，
祂是耶和華齊根努（Jehovah Tsidkenu）——我們的義。

就算你不記得這些正式的名字，你也能用母語讚美祂，稱祂為滿有慈愛、信實、憐憫、安慰、保護、公正、赦罪、能力和救恩的神等，列舉不完。

重點是尋求祂、敬拜祂，按著祂之所是向祂禱告。認定祂是那創造主、你的父神，你需要的一切都在於祂。祂對你的慈愛極其廣大，你對祂的愛則反映你自己有多渴望認識祂、順服祂。

當你作策略性的禱告時，別忘了即學即用，呼求神的名字。祂喜愛聆聽祂的兒女承認祂所做的一切，和祂能行做萬事。這一切不正是祂配得的嗎？畢竟祂是神我們的救恩，「願這些都讚美耶和華的名！因為獨有他的名被尊崇；他的榮耀在天地之上」（詩一百四十八 13）。

對此我們說：「耶和華的名是應當稱頌的！」

Pray 禱告時刻

主，祢的名為大，如同祢是偉大的。祢是獨一的神——萬有的創造者，無與倫比。我要讚美祢，因祢超越我一切所求和所想。謝謝祢容許我們在任何時候、任何環境都可以求告祢，謝謝祢承諾在任何時刻，你都是我們的一切。今天我來敬拜祢，主耶和華、我的救主、我的扶持者、我的良友、我活著的唯一理由。奉耶穌的名求，阿們。

Question 問題討論

- 為什麼神的名字對祂而言非常重要？名字代表什麼？
- 請翻到 273～278 頁的附錄，討論看看哪些名字對你個人最具深刻意義。

24

神的智慧

你們中間若有缺少智慧的，應當求那厚賜與眾人、也不斥責人的神，主就必賜給他。（雅一5）

IF ANY OF YOU LACKS WISDOM, LET HIM ASK OF GOD, WHO GIVES TO
ALL GENEROUSLY AND WITHOUT REPROACH, AND IT WILL BE GIVEN
TO HIM.

「智慧為首；所以，要得智慧。用你一切所得的去換聰明。」（箴四7）人生中能夠得到這種認可的事物並不多——要用你一切所得，用你一切所做的去換。每每聽到這類最終結論，就知道接下來要說的必定很重要。尤其當這種宣告是出於神自己的話，那你更可以肯定祂的建議絕對值得留心聽。

要得智慧，祂說智慧是「首要」的，禱告是解開智慧的一把鑰匙。事實上，禱告帶來智慧，智慧又帶來更好的禱告。

智慧就是把知識應用在特定情況的能力，用你手邊的資料做出最佳決策；按著你所知道的發揮最好的功效；使你的人際關係發展順利；善用你的金錢；對於友誼、婚姻和教養做出全贏的決定。智慧可使愚蒙人變得精明，智慧引導你用道德的方

式做倫理上正確的事。智慧可解開萬事——從前看似神祕莫測的事。當你碰到曾令你失控的窘境，智慧幫助你找出又直又平的路，好讓「你行走，腳步必不至狹窄；你奔跑，也不至跌倒」（箴四 12）。日後你回顧重大決策關頭時，將能看見智慧保護你免於倉促愚昧的行為。

我們需要靠智慧才能從神永恆的眼光看事情，了解一個決定的因與果，能經一事長一智。神當然知道這點，所以祂應許賜智慧給凡向祂「求」的人，雅各書一章 5 節的這個字不僅含有祈求的意思，更有乞求、請求、渴求某件事之意。神應許「厚賜」智慧給向祂求的人，尤其是「尋找它，如尋找銀子；搜求它，如搜求隱藏的珍寶」（箴二 4）的人。我們應該想要智慧，想要得不得了才是。

神還說祂「不斥責人」，不帶侮辱也無須屈尊俯就，不會笑話我們一直都那麼愚蠢。祂要我們得勝，祂要賜給我們所需的一切，在家庭、工作、所做的每一件事上都滿有果效。「在一切善事上結果子，漸漸地多知道神」（西一 10），因為這可帶給祂榮耀。我們怎樣藉由口裡說出的讚美和敬拜使祂得榮耀，照樣也可以藉由我們的表裡一致、誠實、殷勤、謙卑、純潔、信實可靠來榮耀祂。因我們作個好丈夫／妻子、好父母、好員工，善加管理我們擁有的資源，就能使祂得榮耀。

之前我們提到所羅門王跟神求智慧，神對他說想要什麼都可以求——「你願我賜你什麼？你可以求」（王上三 5），所羅門的回答是：他真心想要智慧。他還年輕，才剛繼任父親大衛的王位，坦承自己沒有領導的經驗，所以求說：「求祢賜我

智慧，可以判斷祢的民，能辨別是非。不然，誰能判斷這眾多的民呢？」（9節）神很喜悅所羅門的祈求，就使他成為一位遠近馳名的智慧國王。他的智慧使他寫下值得紀念的箴言——聖經說有三千句——也使他得知財富與尊榮的祕訣。

求智慧的禱告神已應允，其中一個方式就是用聖經的箴言——幾乎涵蓋人生各個層面，大量的簡答式諺語彙集，包括從智慧和愚昧兩種角度，查看兩者間極端、可被反覆驗證的差異。每次你學到一句箴言，就像是服用一錠猛長智慧或抗愚蠢的藥。

箴言指出勤勞與懶惰之間的差異：「手懶的，要受貧窮；手勤的，卻要富足。」（十4）義人與惡人之間的差異：「義人的紀念被稱讚；惡人的名字必朽爛。」（十7）誠實與說謊之間的差異：「口吐真言，永遠堅立；舌說謊話，只存片時。」（十二19）謙卑與驕傲之間的差異：「驕傲在敗壞以先；狂心在跌倒之前。心裏謙卑與窮乏人來往，強如將擄物與驕傲人同分。」（十六18-19）

事實上，掌握箴言主題的一個關鍵，就像聖經其他許多教導一樣，就是找出「勝過」（better），意即什麼事情勝過其他，例如「不輕易動怒的，勝過勇士；克服己心的，勝過把城攻取的人」（十六32，新譯本，下同），「財物雖少而敬畏耶和華，勝過財物豐富卻煩惱不安」（十五16），「吃素菜而彼此相愛，勝過吃肥牛卻彼此憎恨」（十五17），「作窮人比作撒謊的人還好」（十九22）。

換句話說就是，「用你一切所得」去換智慧。

我們從神那裡得智慧，「他的謀略奇妙，他的智慧廣大」（賽二十八29），祂說：「你求告我，我就應允你，並將你所不知道、又大又難的事指示你。」（耶三十三3）我們可期待向祂求智慧，祂就給，而且馬上就可以運用，只要我們以祂的智慧為第一優先。求智慧應該成為每一天的習慣，這也是我們發展禱告策略的一個來源。

雖然銀髮被認為是智慧的象徵，智慧不見得會隨年紀增長。無論任何年齡——兒童、青少年、青年、新婚夫妻或新手父母，只要真正渴慕智慧，就能開始與智慧同行。同時，較年長的人若選擇追求私利、從不反省，只求應急的解決辦法，不作長遠的思考，到頭來反而比年輕人愚昧。

倘若你真想要智慧，那一定要跟神求：「因為，耶和華賜人智慧；知識和聰明都由他口而出。」（箴二6）、「謹守訓言的，必得好處；倚靠耶和華的，便為有福。」（十六20）、「你躺下，必不懼怕；你躺臥，睡得香甜。……因為耶和華是你所倚靠的；他必保守你的腳不陷入網羅。」（三24, 26）

要常常為此祈禱並期待即時獲得。祈求有智慧，讓智慧引導你的禱告，然後享受其獎賞吧。

Pray 禱告時刻

主，祢是我奇妙的保惠師，是一切智慧唯一的源頭。我相信祢說當我求智慧——發自一顆願意順服而忠心地實踐智慧的心——祢必厚賜給我。我知道我肯定需要，因為每一天的每一件事都需要智慧。求祢幫助我不要從世人的觀點，是從祢永恆的觀點看人生。幫助我有長遠的思考，了解我的選擇中的因與果。求祢使我分辨什麼是美善的、什麼事情勝過其他，什麼是最好的，也幫助我以明辨的眼光作出正確抉擇。奉耶穌的名禱告，阿們。

Question 問題討論

・什麼是智慧？智慧對我們有怎樣的幫助？

・分享某一次當你在處理一個狀況時，神清楚地賜下意想不到的智慧。

・你是否常跟神求智慧？智慧可以怎樣引導你作策略性的禱告？

25

神的靈的行事之道

聖靈參透萬事，就是神深奧的事也參透了。（林前二 10）

THE SPIRIT SEARCHES ALL THINGS, EVEN THE DEPTHS OF GOD.

禱告是承認一切非由我們掌控，同時完全有信心所有都在神的統管之下（詩一百零三 19）。神知道我們常會忘記禱告、禱告時不知道要說什麼，或是不知道我們應該怎樣禱告（羅八26）。我們能按著自己所知道的祈求，可是這樣卻仍未碰觸到問題核心，或者勉強涉及了一半。神督促我們無論如何都要進入禱告裡……知道祂就是那位藉著祂已放在我們心中，可引領我們的神。

聖靈是靈命的引擎，引導我們又使我們能夠去做靠自己做不到的事。祂是那神聖的風（約三 8），將生命氣息吹入我們禱告生活的每一部分。

幸虧有祂內住的同在和慈愛的鼓勵，極其無助的我們因祂信實的賦能（empower，授權）和充足的供應得以安穩。我們有限的知識被祂無窮的智慧環繞，我們將最美的禱告獻給祂，相信祂的靈會啟動更美的事（約十四 12-17）。

　　如同前幾章所見，神已將豐富資源賜給祂的百姓了，為要幫助我們有能力又精準地作策略性的禱告。我們蒙允得以進入祂的道、祂的旨意、祂的智慧和祂眾多名字的奇妙大能裡，就像得以進入軍火庫，有厲害的武力可把禱告磨練得非常鋒利，又能分毫不差地射中目標。

　　若沒有神的靈引導，我們依舊不足。祂能引導我們——此刻的禱告用這節而不是那一節經文——求告耶和華以勒的神為我們預備，而非只稱神；命中那執掌權柄者的心臟而非頭部；或處理某個我們忘了承認的罪。

　　保羅說：「靠著聖靈，隨時多方禱告祈求；並要在此儆醒不倦，為眾聖徒祈求。」（弗六 18）這是很有能力的禱告：靠著聖靈，隨時，為眾聖徒。

　　每一個信靠耶穌基督的人都有聖靈住在心中（弗一 13-14），我們必須被聖靈充滿、降服於祂、倚靠祂而行，不再隨從自己肉體的私慾。「要被聖靈充滿」（弗五 18）是個命令，不單只是吩咐靈恩派教會裡的基督徒，也是每一位跟隨耶穌基督的信徒都必須遵從的命令。以弗所書五章 18 節所用的希臘文動詞時態，含有保持被聖靈充滿之意。不是一次的經驗，是每一天、時時刻刻都降服於聖靈，讓聖靈引導我們的生活（加五 16-25）。

　　每天早晨敬拜神的時候，都應該求祂以祂的靈充滿我們，同時也要將這一天的我們和所擁有的，全部交給祂的慈愛掌管。什麼時候犯罪、變得苦毒或放縱私慾都應該立刻悔改，謙卑自己，重新將自己降服在神手中，聽從聖靈的引導。

　　當我們住在基督裡，保持潔淨，保持與祂親近，以降服順從的心與祂同行，就必能更敏銳地聽見在我們裡面的聖靈的聲音。祂會使我們有基督的心（林前二 16），使我們知罪（約十六 8），使我們心中結出聖靈的果子（加五 22），引導我們做決定（加五 16-18），又使我們有能力為主作見證（徒一 8）。

　　保羅說：「不要醉酒，酒能使人放蕩；乃要被聖靈充滿。」不要被酒精掌控，而是要被神掌管，流露出祂的喜樂與盼望，享受祂的平安，知足常樂，「用詩章、頌詞、靈歌彼此對說，口唱心和地讚美主。凡事要奉我們主耶穌基督的名常常感謝父神」（弗五 18-20）。

　　藉著了解聖靈和祂怎樣運作，我們在禱告時就能進入神湧流不絕的行事之中。

　　祂啟示神和神的道給我們。耶穌描述祂離世後，聖靈將如何常與門徒同在，更指出聖靈就是「真理的靈」（約十四17），是「從父出來的」、「幫助者」，要為基督作見證（十五26）。聖靈要引導我們進入一切真理，因為「不是憑自己說的，乃是把他所聽見的都說出來，並要把將來的事告訴你們」（十六 13）。甚至「眼睛未曾看見，耳朵未曾聽見」的事，聖靈也能顯明給我們看——什麼是我們需要知道的，何時需要知道——「不是用人智慧所指教的言語，乃是用聖靈所指教的言語，將屬靈的話解釋屬靈的事」（林前二 9-13）。謙卑而信靠的禱告就像直達的通道，聖靈會藉著這通道照亮神的道，使神的真實本性活現在我們眼前，使我們相信屬靈的事實——為隱藏的罪、為公義的榮耀、為審判的事實，自己責備自己

（約十六 8-11）。祂提醒我們在基督裡是什麼身分（弗一 15-19），以祂的慈愛與看顧安慰我們。

祂為我們禱告。「聖靈親自用說不出來的歎息替我們禱告」（羅八 26），我們無法禱告的，聖靈能替我們禱告，我們絕對不致毫無盼望、缺乏幫助。更令人振奮的是，知道聖父、聖子和聖靈是三位一體，互相了解彼此的心意，彼此溝通不曾間斷。耶穌在天父的右邊為我們代求（來七 24-25），聖靈則住在我們裡面也替我們向父禱告，「鑒察人心的，曉得聖靈的意思，因為聖靈照著神的旨意替聖徒祈求」（羅八 27）。有耶穌和聖靈為我們禱告，那真是無人能比，多麼有福又多麼榮幸擁有這樣完美的禱告同伴，憑愛心為我們代求。

祂指引我們禱告。聖靈在裡面提醒我們，又引導我們向天父呼求，「你們所受的，不是奴僕的心，仍舊害怕；所受的，乃是兒子的心，因此我們呼叫：『阿爸！父！』」（羅八 15）有時你聽某人說神怎樣對他們「說話」，這種「說」不像是肉耳聽見的那種，比較是一種內在的知道了——當下有一個好的念頭浮現，伴隨著一種神聖的負擔，渴望做某一件事以榮耀神，這就是聖靈在對你說：「這是正路，要行在其間。」（賽三十 21）

有些人對於神跟我們之間有個別溝通抱持懷疑，不過聖經的見證似乎是肯定的。祂吩咐亞拿尼亞去為掃羅禱告（徒九 10-19），吩咐腓利去跟衣索匹亞的官員傳講耶穌（徒八 29-30），如果我們願意學著順服祂引導的話（羅八 14-16），祂也會對我們說話。有時祂可能讓你沒來由地想起某一個人，催

促你為他禱告或是照著那人的需要和神的旨意，採取愛心行動
關懷那人。要對這一類感動保持敞開的心，請留意，聖靈的行
動絕對不會跟神的話相互矛盾，祂必定引導你順服神的話，在
你個人的真實環境中把神的道活出來。

　　因為聖靈的智慧和能力無遠弗屆，祂能夠藉著看似最平
凡、巧合的事情，在你跟他人之間創造天國的連線。千萬不要
以為你在測試祂的旨意和祂的道路，好似站在屬靈的岸邊，水
淹及踝，不知該不該繼續向前。殊不知禱告並不受我們自己的
限制所束縛，因為聖靈是沒有限制的，祂在我們裡面活著。

Pray 禱告時刻

主，感謝祢差聖靈來帶領我、指引我，使我充滿祢的智慧與洞見。正如百姓們藉由聖靈來見證祢一樣，那也是我內心的渴求——願我的生命能成為耶穌的活見證。求祢以祢的靈充滿我，教導我隨從祢的靈而行，在聖靈裡禱告。無論我去哪裡，無論我遇見誰，在每一個地方都使我榮耀祢。奉耶穌的名求，阿們。

Question 問題討論

- 聖靈住在誰的心中？
- 聖靈在信徒的生命中動什麼工？
- 聖靈如何有益於我們的禱告生命？

26

進攻型的禱告

他們行走，力上加力。（詩八十四 7）

THEY GO FROM STRENGTH TO STRENGTH.

一個好的禱告策略，有一部分在於知道如何敵擋邪惡。當然，我們都知道潛伏在試探裡的諸多危險，也熟悉仇敵射過來的恐懼、生氣、私慾和嫉妒的箭。本章我們要把焦點擺在積極的進攻上，意思是用禱告擴展光明、愛與真理。

耶穌示範的禱告一開始就教導我們三件非常重要的事：「願你的國降臨；願你的旨意行在地上，如同行在天上。我們日用的飲食，今日賜給我們。」（太六 10-11）這個禱告說的都不是在抵擋什麼，而是祈求美好的事。基督徒的生命並非僅止於遠離罪惡，也關乎在愛中與神、與他人同行。我們不但要以禱告抵擋地獄的門，也要祈求神的旨意行在地上如同行在天上。我們想要擴張神的國、成就祂的旨意，此任務有一部分牽涉到阻止仇敵，以及在邪惡的日子裡站立得穩。

當然了，我們需要防守，但那並非是全部的戰略，有時也需要採取攻勢，例如祈求神打開傳福音的門，差工人去收割莊

稼，澆灌聖靈下來更新我們，以祂的愛和認識祂旨意的知識充滿我們，使用我們的屬靈恩賜來事奉祂，興起一個尊榮祂聖名的世代。屬靈爭戰是關乎守住陣地，不容敵人入侵，同時要為神的國奪回土地。

馬太福音五章 16 節說：「你們的光也當這樣照在人前，叫他們看見你們的好行為，便將榮耀歸給你們在天上的父。」想想你的婚姻、家庭或居住的城市，再想想要如何回答以下問題……

　○ 現在我所能祈求最有愛心的一件事是什麼？
　○ 我能為哪一件極其美好的事情禱告？
　○ 神的國怎樣能在我的情況中大大地擴張？
　○ 我可以為哪一件能真正榮耀神的事情禱告？

聖經從頭到尾都可以發現積極進攻的禱告與行動，事實上，神想要幫助我們、給我們恩賜，在爭戰的路上給我們鼓舞和幫補。在馬太福音七章 11 節耶穌告訴我們：「你們雖然不好，尚且知道拿好東西給兒女，何況你們在天上的父，豈不更把好東西給求他的人嗎？」

我們若愛某人就會想給他最好的，約翰在約翰參書 2 節就作了這類型的禱告，說：「我願你凡事興盛，身體健壯，正如你的靈魂興盛一樣。」

倘若神是良善的，總是為我們預備美好的事物，那麼我們需要主動尋求，祈求那些事。出於愛隨時多方禱告，以禱告涵蓋所有情況，求神賜福、供應，並得著最大的榮耀……祈求祂

成就超過我們所求所想的。為什麼？因為祂的榮耀是我們一切禱告的終極目標。

更不用說最佳防守策略也是一種進攻良策。

不要只為避免遭遇艱難禱告，更要祈求神賜福。不要只為不離婚禱告，要求神使你們的婚姻成為一幅美麗的圖畫，反映出基督的福音和祂對新婦的愛，祈求祂使用你們去服事他人，藉由你們夫妻相愛的關係使神的國擴張。不要只是禱告你們教會領袖不會在公務會議上爭吵，反之，要祈求大家在愛中合一，祈求復興突破以帶來更多的服事機會。

聖經羅馬書十二章21節說：「你不可為惡所勝，反要以善勝惡。」使徒保羅就是這種思考模式的最佳實例，他為初信的弟兄姊妹祈求這事，在歌羅西書裡寫了頗長的一段話，字字振奮人心：「我們自從聽見的日子，也就為你們不住地禱告祈求，願你們在一切屬靈的智慧悟性上，滿心知道神的旨意；好叫你們行事為人對得起主，凡事蒙他喜悅，在一切善事上結果子，漸漸地多知道神；照他榮耀的權能，得以在各樣的力上加力，好叫你們凡事歡歡喜喜地忍耐寬容；又感謝父，叫我們能與眾聖徒在光明中同得基業。」（一 9-12）

你想不想要有這樣的禱告覆蓋你？求神使你充滿知識、智慧能明白神的旨意？使你的生命多結果子以榮耀神？

這就是主動積極的禱告，進攻型的禱告就是如此。保羅在腓立比書一章 9-11 節又舉例說：「我所禱告的，就是要你們的愛心在知識和各樣見識上多而又多，使你們能分別是非（或

譯：喜愛那美好的事），作誠實無過的人，直到基督的日子；
並靠著耶穌基督結滿了仁義的果子，叫榮耀稱讚歸與神。 」

在約翰福音十七章，耶穌也為祂自己、為門徒、為將來的
信徒，充滿愛心地祈求神藉著祂和他們得榮耀。求神拯救並保
護那些信靠祂是基督的人，求神使他們充滿喜樂又同心合意，
求神使世人知道是神差祂來拯救靈魂失喪的人。

下次當你面臨艱難的處境時，或者只是日常到神面前禱告
的時間，別忘了，要作防守型和進攻型的禱告。遭遇攻擊時要
堅定地站在神的話語上，也要具體地為你和你所代禱的人求神
賜下美好的事物。最重要的，求神得著榮耀！這樣，當你規劃
你的禱告時間，不要客氣，儘管求神做一件真的很棒的事！

P_{ray} 禱告時刻

主，感謝祢賜給我禱告，幫助我擊退那黑暗勢力。也感謝祢使我能用禱告來請求祢賜福，享受祢的同在，並主動以愛心投入他人的生命。因為祢的能力和權柄令我深感奇妙，祢的慈愛更是令我驚奇……因為我知道自己是怎樣的人，並不配得祢這樣愛我，祢卻一直看顧著我、使我改變更新。祢一直將我的消極負面化為積極正面，不斷給我機會戰勝、擴展、征服，為此我讚美祢的名。

$Q_{uestion}$ 問題討論

· 有沒有人很有愛心地為你禱告，令你深受感動？他們為你禱告什麼？

· 進攻型的禱告如何幫助我們避免將來的兇惡？

· 本章中分享了一些進攻型的禱告經文，你最喜歡哪一節？

27

制敵機先的禱告

總要儆醒禱告，免得入了迷惑。（太二十六41）

KEEP WATCHING AND PRAYING THAT YOU MAY NOT ENTER INTO
TEMPTATION.

如果你是一個國家的領導人，發現有一支強大的軍隊即將入侵你的國家，你會怎麼做？如果毫無和平協議的可能性，你將會用上一切可行的方法迅速備戰，評估有多少資源，以此擬出作戰策略，部署軍隊。

在禱告裡也必須如此。我們必須在自然領域發生爭戰以前，先用我們的雙膝攻打敵人。聖經說，真的有一個屬靈的敵人來偷竊、殺害、毀壞我們。

耶穌親口說有撒但、魔鬼的存在，基督在地上服事其間一再地抵擋他、斥責他。聖經說：「神的兒子顯現出來，為要除滅魔鬼的作為。」（約壹三8）

有一種說法是錯誤的：撒但只是一種概括性的邪惡象徵，寓言而已。不，聖經起碼有十多卷書都指名提到撒但。耶穌

說：「我曾看見撒但從天上墜落，像閃電一樣。」（路十 18）使徒們和初代的教會都曾一再被迫起來抵擋他。直到基督再來統治全地以前，我們仍須保持警戒，用羔羊的血和我們見證的道勝過他（啟十二 11，二十 1-10）。

他是真的，他很邪惡，他很狡猾。

彼得在痛苦中學到教訓，耶穌早早就教他作制敵機先的禱告：「不叫我們遇見試探；救我們脫離惡者。」（太六 13）後來在基督被賣的那一夜，耶穌也警告他：「西門！西門！撒但想要得著你們，好篩你們像篩麥子一樣；但我已經為你祈求。」（路二十二 31-32）那晚稍後，耶穌又指示他：「總要儆醒禱告，免得入了迷惑。你們心靈固然願意，肉體卻軟弱了。」（太二十六 41）彼得還是困倦地睡著了。幾分鐘後他毫無防備地驚醒過來，情緒反應過度，削掉一個人的耳朵，接著拋下耶穌逃走，又厚著臉皮三次否認基督，未如他幾個小時前信誓旦旦的說要效忠耶穌。他完全沒有作制敵機先的禱告，所以後來出去痛哭。他絕望抑鬱多日，直到基督復活使他重新恢復。

「通達人見禍藏躲；愚蒙人前往受害。」（箴二十二 3）

我們必須學習制敵機先地禱告，將我們的行程表、答應的事和將來的機會都帶到神面前，穿上屬靈的軍裝並求神引導、供應、賦能和保護我們，再衝入敵陣。

有一件事能幫助你，就是瞭解敵人如何攻擊，撒但的戰略和模式數千年來一成不變。如果你已經知道他的下一步，就能提早做好準備，預先具體地禱告。他的招牌詭計包括以下：

　　分心。戰爭的基本形式就是誤導敵人方向。大衛寫道：「我哀歎不安，發聲唉哼，都因仇敵的聲音。」（詩五十五 2-3）撒但會不斷地企圖使你偏離正道，使你的焦點放在好的但不是神認為最好的事上。聖經多次讓我們看到心懷善意的好人被引誘以致偏離神的旨意，浪費時間在枝微末節的小事裡。耶穌在主持最後的晚餐時，曾警告門徒他即將赴死，他們卻在那爭論誰會成為最大的（路二十二 24）。在馬大家中，他正分享心語時，馬大卻在廚房忙碌，無法停下來聆聽他重要的信息（路十 41-42）。在這個數位化的時代，仇敵只要用訊息鈴聲、最新最熱門的話題，或是一段瘋傳的兩分鐘影片，就可以輕易地使我們分心。一天上百次，甚至在我們禱告的時候，他最喜歡我們把焦點放在待辦事項清單，或今天憂慮的事上，不再能專心尋求主。我們的主才會一再警告我們：「要儆醒禱告，要時時儆醒。」

　　迷惑。耶穌說每次撒但說謊（他總是在說謊），「是出於本性，因為他本來就是說謊者，也是說謊的人的父」（約八 44，新譯本）。攔阻人認識神的堅固營壘、成癮行為、罪惡，都是從謊言衍生的。他們扭曲神的真理，保證的事永遠落空，假造消息。罪惡會辜負你，令你失望，留給你的只有空虛。他明目張膽地誘惑你，企圖使你以為如果現在行動，情況就會不一樣，你不會像別人落入那種後果。他展示快樂的部分，掩蓋痛苦的後果。這就是為什麼你根本不能相信他，卻往往相信了……假如我們沒有保持「謹慎自守，儆醒禱告」的話（彼前四 7），想要抵擋他的迷惑，我們還太弱，除非我們屈膝祈禱，

謹遵真理的教訓。他會用謊言欺騙你何謂：神的良善、聖經的真實可靠、你真正的身分和是非黑白。他會用謊言把你捧得高高的或是把你定罪，使你深陷憂鬱。

　　譏笑。他不說謊的時候，通常就是在心中譏笑你或別人——使往事浮現，錯誤的認定別人有罪。沒錯，你已經得蒙基督寶血赦罪了，但他一直指使你去摳舊傷口，引發懷疑。他是「控告我們弟兄的」（啟十二 10），指控你不夠好，儘管那正是基督帶著愛來拯救你的原因。要扭轉那些指控，你需要查考神的道，找出你在基督裡的身分，祈求智慧與分辨力，這樣你才能推翻他所編造的一切指控。

　　分裂。福音的標誌之一，就是愛中合一，不分國家種族、不分年齡背景，也不分地域，所有人都在基督裡，在基督裡合而為一。但是，撒但知道「若一家自相紛爭，那家就站立不住」（可三 25）。神的百姓之間的怒氣、爭執也許不一定破壞福音信息，卻會破壞你們的見證和傳福音的果效。基督徒彼此若不和，別人看我們和我們所信的都是虛弱、偽善、冒牌貨。當丈夫和妻子吵架，子女和父母起衝突，牧師和他那被執事把持的教會爭執不休，這時你可以確定一件事，罪犯其實是你看不見的那一個，他挑起紛爭，在弟兄姊妹間種下不和，煽動我們只看最糟糕的一面，不去祈求上好的福分。

　　我們斷不可愚昧地「不曉得他的詭計」（林後二 11），應該求神幫助我們專注於祂的旨意，使聖靈保守我們行在真理中，得以拒絕接受假的控告，祈求愛與合一支配我們的關係。

　　這就是以弗所書六章裡的屬靈軍裝，用「真理」當作帶子束腰，驅散魔鬼的謊言。用「公義」——來自於基督——當作護心鏡遮胸，活出勇敢、主動而感恩的順服。用「平安」在每日生活中，不被撒但的控告動搖，也不致分心。用「信心」當作盾牌敵擋他的攻擊，用「救恩」保護我們的心思意念，以免被矇騙誤認為我們太令神失望，不能得救。用「神的道」當作寶劍，劃破仇敵的扭曲謊言，同時以「禱告」活用這些裝備，「儆醒不倦，為眾聖徒祈求」（弗六 14-18）。我們都同處在這屬靈爭戰中，作戰方式就是禱告，禱告使我們合一，更有助於保護我們。

　　尼希米重建耶路撒冷城牆的過程中，麻煩一堆，扯後腿的事不斷，他報告說那些詆毀者「嗤笑我們，藐視我們」（尼二 19），後來變成「發怒，大大惱恨」（四 1），「同謀要來攻擊耶路撒冷，使城內擾亂」（四 8）。尼希米和同工們不得不一手拿兵器、一手做工。他們派人看守，晝夜防備，抵禦威脅。因為他總是不住地禱告，常常能夠分辨情勢，避免被那些人的詭計迷惑分心。

　　一刻也不要以為我們今天所面對的事跟那時不一樣，彼得說：「務要謹守，儆醒。因為你們的仇敵魔鬼，如同吼叫的獅子，遍地遊行，尋找可吞吃的人。你們要用堅固的信心抵擋他。」（彼前五 8-9）

　　問題並不在他是否會來攻擊你，使你陷入看得見或看不見的爭戰中，而是你有沒有先在禱告中作好準備，還是你等到魔鬼來給你迎頭痛擊，才求告那已將魔鬼擊敗的神。

　　藉著制敵機先的預備，能確保我們的勝率，不致於連連敗北。我們將得以明察戰況，先下手為強。我們也會「儆醒禱告」，時時防備，倚靠神的力量得勝。

Pray 禱告時刻

主，感謝祢用祢的道提醒我們魔鬼的詭計與活動，也謝謝祢給我們屬靈的軍裝配備使我們站立得穩，抵擋魔鬼的攻擊和連番謊言、扭曲、分心、控告。幫助我們不要對他的詭計茫然無知，請施恩給我們，使我們能分辨仇敵企圖用什麼手法攻擊，好讓我們能運用智慧作制敵機先的禱告，預備自己，在邪惡的日子裡站立得穩。主，保守我們堅定不移、思慮清晰、振奮精神、作好準備、憑智慧行事，活出得勝的生命。求祢使我們憑信心定睛在祢身上，被祢的大能保守。奉耶穌的名禱告，阿們。

Question 問題討論

· 什麼是制敵機先的禱告？

· 撒但毀壞神的兒女的招牌詭計有哪些？

· 當仇敵攻擊時，神的道告訴我們應該做什麼？

· 彼得缺乏制敵機先的禱告，尼希米忠心地制敵機先，請比較兩人有何不同。

28

防禦型的禱告

你們要靠著主，倚賴他的大能大力作剛強的人。要穿戴神所賜
的全副軍裝，就能抵擋魔鬼的詭計。（弗六 10-11）

BE STRONG IN THE LORD AND IN THE STRENGTH OF HIS MIGHT. PUT
ON THE FULL ARMOR OF GOD, SO THAT YOU WILL BE ABLE TO STAND
FIRM AGAINST THE SCHEMES OF THE DEVIL.

1941年 12 月，日軍偷襲珍珠港，美軍基地配備多艘
戰艦、巡航機、驅逐艦和高射砲，卻仍有 2,400 名美軍死於此
役，近 1,300 人受傷，海軍艦隊幾乎全毀。雖有防禦性火力可
用，那些受攻擊者卻沒有準備好使用防禦火力。

　　同樣的，基督徒也配備有生命與敬虔所需的一切（彼後一
3），只是許多人遭到仇敵攻擊時卻措手不及，在生命的一個
或多個領域上屢屢受挫。前一章談到制敵機先的禱告，在敵人
砲彈發射前就先禱告。不過今天的戰略是近身肉搏戰，就是當
撒但攻擊時，要立即回防。

　　神的道說屬靈爭戰發生在你周圍，所以你必須「拿著信德
當作盾牌，可以滅盡那惡者一切的火箭；並戴上救恩的頭盔，

拿著聖靈的寶劍，就是神的道；靠著聖靈，隨時多方禱告祈求」（弗六 16-18）。

以下是代號「R.E.S.P.O.N.D」（回應）的強大作戰計畫，這套本於聖經的計畫可幫助你有策略地回應仇敵對你個人的攻擊。任何時候魔鬼開始誘惑你落入私慾、恐懼或定罪的情況，都可以立即派上用場。當灰心失望開始爬上你肩頭，當罪惡正在找合理的藉口，或是謊言正試圖在你心裡生根，都可以有效地予以擊退。當遭遇魔鬼攻擊時，你首先該做的就是……

1.RESIST 抵擋，奉耶穌的名抵擋撒但。「務要抵擋魔鬼，魔鬼就必離開你們逃跑了」（雅四 7）。我們不必忍受撒但的嘲笑、控告或心理戰。耶穌拒絕受賄賂，絕不交出控制權，更不會淪為撒但詭計的受害者。基督抵擋他，說：「撒但，退去吧！」（太四 10）另一次祂說：「撒但，退我後邊去吧！」（可八 33）我們也應該照樣做，但我們奉靠的是基督的名，是憑祂的權柄，非我們自己的。

耶穌基督的名超乎萬名之上（腓二 9-10），我們奉祂的名禱告、醫病（徒三 6）、趕鬼（太七 22；可九 38-39）。為什麼在電影和電視上從來沒有看過用釋迦牟尼或穆罕默德的名字來咒詛或褻瀆，總是用「耶穌基督」（Jesus Christ）的名？有個原因是撒但得降服這大能的名，所以他想要加以羞辱。我們絕不可不敬地說耶穌的名，那是神聖的名。祂的名救我們脫離地獄（徒四 12；羅十 9-10），這名背後代表的是神的身分、性格與名譽，當你對戰魔鬼時，要呼求這世上已知的最有能力的名，用這名來抵擋魔鬼。你可以直接對他說：「奉耶穌的名，

撒但走開！」或是間接地在禱告中說：「父啊，奉耶穌的名，求祢斥責撒但。」（猶9）他必要逃跑！

2. ESCAPE 逃脫，從聖經找出路。神應許我們在受試探的時候，必替我們「開一條出路」（林前十13）。耶穌受魔鬼試探（路四1-13），每一次祂都舉起信心的盾牌，戰略性地引述神的道作聖靈的寶劍（弗六17），擊退魔鬼。我們應該倚靠並使用一節適當的經文，以面對眼前這一個試探或迷惑（太四1-11）。神已為我們配備滿載強大的彈藥庫，就是聖經裡大能的話語，可隨時取用向仇敵發射。你只需得知關係到你問題的經文，當撒但試探或在你腦袋種下一個惡念，好比說：「神不愛你、沒人愛你，你註定失敗！」這時你可以回應：「我奉耶穌的名，命令你，撒但，給我滾開！羅馬書五章8節說，基督已經為我死，證明祂愛我。還有腓立比書四章13節說，我靠著那加給我力量的，凡事都能做！」阻擋，反擊，飛踢他！（附錄270頁有一張你可使用的屬靈軍火清單。）

3. SEARCH 鑒察，找出未承認的罪。應該把試煉當作潔淨的契機。雅各書說，順服神且抵擋魔鬼之後，應該「潔淨你們的手！清潔你們的心！」（雅四8）得勝之前需要悔改，悔改有助於抵擋試探。

被試探跟受折磨之間是有差別的。人人都受到試探，耶穌也曾受過試探，你也會被試探，被試探並不是罪。若仇敵經常拿某件事折磨你，很可能你過去有什麼罪還未承認，讓他有機可乘用來在你心中建立堅固營壘（編一套謊言）（林後十3-5）。真理使我們得自由，謊言使我們被綑綁挾制，我們必

須把任何罪的阻礙除掉，「脫去容易纏累我們的罪」（來十二1），同時除去隨罪而來的謊言，這樣才能行在基督已在十架上為我們得來的勝利與自由之中。

今日仇敵的攻擊可能是由於昨日的罪，也可能不是。不管怎樣，我們都應該禱告說：「神啊，求你鑒察我，知道我的心思，試煉我，知道我的意念，看在我裏面有甚麼惡行沒有，引導我走永生的道路。」（詩一百三十九 23-24）倘若神顯明你在某方面有什麼罪還沒有悔改，無論是昨天或 10 年前的事，你都要趕快承認，脫去那纏累你的罪。回溯當初你在哪方面失去陣地，為你失守的地方悔改認罪。

4. PLEAD 懇求，以耶穌的寶血洗淨。當我們承認罪，（憑信心）求神用耶穌的血洗淨我們時，神是信實的，必要赦免我們的罪，洗淨我們一切的不義（約壹一 7-9）。於此，我們應該放心，若已蒙赦罪的信徒卻仍不信被饒恕了，將不會出現符合信徒的言行，容易遭受仇敵的炮火攻擊。「世人都犯了罪，虧缺了神的榮耀」這話是真的，無庸質疑，但因著信靠祂，我們「卻蒙神的恩典，因基督耶穌的救贖，就白白地稱義……，是憑著耶穌的血」（羅三 23-25）。惟獨祂的血洗淨我們的罪。如果神說你已經被赦免了，你心中卻還相信你沒有得蒙赦免，那就等於指控神在說謊。如神曾對彼得說：「神所潔淨的，你不可當作俗物。」（徒十 15）

魔鬼可能會持續穩定地指控這真理，作為他整體攻擊手段之一，但是，只因為他說了你就信，就能使他的話變得比較正確嗎？並不會。當你情緒的羅盤針失控打轉時，要抓住聖經不

變的真理。寶血裡有能力，懇求，祈求，信靠寶血的大能，奔入信心的安全保壘中，相信你的罪確實已被潔淨，然後禱告：「父神，懇求祢以耶穌的寶血遮蓋我、潔淨我，我倚靠祢的信實，因祢的赦罪而安息。」

5. OVERTAKE 奪回，把交給撒但的陣地奪回來。我們都在屬靈爭戰中對抗「執政的、掌權的」（西二 15）──號稱擁有管轄權的黑暗勢力。藉著十字架，耶穌已徹底毀掉仇敵的勢力（西二 8-15）。撒但的槍裡已沒有子彈，他依舊吹噓欺騙人聽從他。

當你犯罪或信了他的謊言，就是拱手交出控制權和領地（約八 34；弗四 26-27）。只要你悔改並信從真理，他就失去對你的控制權（提後二 24-26）。當你拋開他的謊言，除去他放在你心中的任何邪惡意念，你還需要求神來掌管你，用祂的靈和祂的道占據那剛奪回的領地，這就叫「將人所有的心意奪回，使他都順服基督」（林後十 5）。

此刻，請將你自己重新獻給神，完全降服於基督的主權。求祂把你每一部分的控制權都拿回來，好讓你能盡心、盡意、盡性、盡力愛祂。又要禱告求祂堅固你，使你能繼續前進，拿回祂以捨命為你得回的一切領地。

6. NAME 提名禱告。使徒保羅討論聖靈的寶劍之後，接著說，我們應該常常為別人祈求（弗六 17-19）。

這策略不僅幫助別人，也幫助我們自己，不必一直跟試探、謊言或「不犯罪」搏鬥，可以轉而把焦點放在為別人代禱上。

　　舉例來說，如果你被一個私慾的念頭試探，那就要抵擋魔鬼，從神的道找出路，處理過去犯的罪，重新將你的心思意念交給神，開始為你的配偶（或未來的配偶）禱告和感謝神。當你被灰心失望試探時，就為你的牧師或某個碰到憂鬱問題的人禱告。被貪心試探？那就為你的孩子懂得感恩禱告吧。禱告讓你從憂慮的旋轉木馬上下來，再次經歷「神所賜的平安」，在基督耶穌裡保守你的心懷意念（腓四 6-7）。

　　7. DELIGHT 以神為樂。「現在我得以昂首，高過四面的仇敵。我要在他的帳幕裏歡然獻祭；我要唱詩歌頌耶和華。」（詩二十七 6）此時當來慶賀前面已發生的。仇敵接近，卯足全力使出最厲害的招數，在基督裡你仍穩穩站立。你抵擋、反擊，半步也沒打滑地把他擊敗了，甚至在以前常常失敗被囚禁的地方，你也能把他趕出去，昂然站立訴說見證。你用神的道回應，你做到了，是神做的。讚美神！

　　這種感覺比以前更棒更好，真奇妙，是吧？別忘了，「義人雖七次跌倒，仍必興起」（箴二十四 16），要為此感謝。誰說你不能得勝又得勝、加速前進，真正經歷神已應許的自由豐盛的人生？是的，你可以的。

1. RESIST 抵擋，奉耶穌的名抵擋撒但
2. ESCAPE 逃脫，從聖經找出路
3. SEARCH 鑒察，找出未承認的罪
4. PLEAD 懇求，耶穌的寶血洗淨
5. OVERTAKE 奪回，把交給撒但的陣地奪回來
6. NAME 提名禱告

7. DELIGHT　以神為樂

如果你能學習並照著做，魔鬼就會明白他的攻擊只會提醒你渴望更多地求告耶穌、引用聖經、悔改、禱告和讚美，他便會漸漸少來試探你。

好好學習運用這套戰略，給撒但來個措手不及吧！

Pray 禱告時刻

主，感謝祢，因為在我裡面的祢比在世界的他更大。感謝祢為我鋪路，從不曾撇下我獨自作戰。感謝祢顯明祢自己能賜下過於我所需要的一切。求祢幫助我行在祢已在十架上為我贏得的勝利之中。請賜給我智慧與恩典，使我勝過一切謊言，在我生命中的堅固營壘與挫敗的領域上戰勝，教導我如何靠主和祢的大能堅固，幫助我穿上神的全副軍裝並在邪惡的日子站立得穩。我要堅定地倚靠你，我非常需要祢。奉耶穌的名祈求，阿們。

Question 問題討論

・為什麼預先準備一套反應計畫以防備魔鬼的攻擊很重要？

・代號「R.E.S.P.O.N.D」（回應）的作戰計畫，代表哪七件事，你還記得嗎？（最好能把每個字首所代表的英文字背起來！）

・哪一件事對你的意義最深刻？為什麼？

29

破例的禱告

我在患難之日尋求主；我在夜間不住地舉手禱告。（詩七十七2）

I SOUGHT THE LORD IN MY DAY OF TROUBLE. MY HANDS WERE
CONTINUALLY LIFTED UP ALL NIGHT LONG.

當情況變得十分危急，禱告策略也要升級，就像一位早產
的孕婦緊急送醫，就像房產抵押止贖權的預告通知已經發出。
等到戰況非常激烈時，你終於開始認真地思考你的家庭能不能
完好無損。

在這些突如其來的緊急時刻，特別需要拋開一切作急進迫
切的禱告。打電話給所有朋友請求代禱，全教會緊急禱告，每
一個人都要禱告。緊急並不代表不需要禱告策略，有時反而更
需要。

舊約中以斯帖的經歷帶來非尋常禱告的必要性。你可能記
得因亞哈隨魯王廢掉他的妻，這位美貌的猶太女性被召入宮、
被選為波斯王后。以斯帖雖在宮中，卻從她兒時的監護人末底
改那裡得知，有人計劃滅絕猶太百姓，要殺掉他們全部的人。

那時情況十分緊急，以斯帖也無法置身事外。她的地位還沒到不必獲得允許就可帶著任何請求去晉見王，按照當時的慣例，這意味著她若嘗試晉見，可能因違例被殺，但是她勇敢地呼籲大家破例為她迫切禱告：「你當去招聚書珊城所有的猶大人，為我禁食三晝三夜，不吃不喝；我和我的宮女也要這樣禁食。然後我違例進去見王，我若死就死吧！」（斯四 16）

他們竭力甚至超過所能地合一祈禱，結果奇蹟發生了，滅族計畫的首腦反被處死，被掛在他自己準備的木杆上，猶太人末底改則被拔擢到重要的領導地位，負責執行由國王親自批示的保護猶太人免遭迫害的計畫。

聖經指示我們遵照這種禱告模式去做。

請注意他們是全體禱告，破例的禱告是一種團隊合作。使徒行傳第一章耶穌升天之後，眾使徒回到耶路撒冷，上到樓上他們所住的房間禱告，大家「同心合意地恆切禱告」（14 節）。後來彼得被囚，牢房外有重兵看守，「教會卻為他切切地禱告神」（徒十二 5）。就在他被提出來公審的前一夜，原本他左右手各與一兵丁銬在一起，忽然有一天使顯現，使鐵鏈脫落下來，又領他穿過兩層監牢的大門，安抵家門。從前有位作家說得好：「那天使把彼得帶出監牢，而把天使帶來的是禱告。」

他們禁食禱告——之前我們提到過禁食，是列為禱告的「鑰匙」之一。碰到重大事件就需要特別破例的付出，特別要求專心和誠意。神曾藉由先知約珥命令祂的百姓「禁食、哭泣、悲哀，一心歸向我」（珥二 12）。耶穌剛開始公開事奉之前，

就以禁食 40 天預備自己迎接前面的挑戰（太四 2）。我們很難對自我或自己的食慾說不，但是藉著否定肉體每日的需求，使自己專心尋求神，就能在碰到困難、壓力和急難時更深入而專注地禱告。因為必須非常認真所以禁食禱告，若大家一起禁食則表示我們同心合意地祈求神，要聆聽祂對我們說的話，當我們真心誠意這樣做，神往往會褒許它。

他們熱切地禱告，堅持不懈又充滿熱心地祈求。環境可能惡化到一個程度，單就求生存的本能也會使人發出熱切的祈禱。和先知約拿同船的人，都害怕命葬海底，頻頻「哀求」自己的神，就算他們並不認識耶和華神，仍乞求祂憐憫，救他們脫離這場風暴（拿一 14），神於是救他們免於喪命。後來尼尼微人聽了約拿傳的信息都痛悔知罪，唯恐神降災禍，「切切求告神」，使他們不致滅亡（約三 8）。神便解救他們免於喪命。

今天在我們的世界和個人生活中，也有很多值得警戒的情況，同樣需要迫切的禱告。在國家中有罪惡，在教會中有驕傲，在家中有人傷心，我們的弟兄姊妹遭到逼迫，嚴重匱乏與需求大到我們不想看也不願意想。苦難的種子和對基督徒的敵意——許多國家現在已經遭遇到了——漸漸逼近我們的國境。神的教會有沒有因此痛悔降服於神呢？必要時我們是否願意「愁苦、悲哀、哭泣」（雅四 9）？讓我們的心跳與神同步？準備不論情況如何都要對祂忠心到底？專心倚靠祂，單單尋求祂，以致大家禱告如同一體，同心合意地恆久禱告懇求神施恩憐憫？

　　毫無疑問地，我們都知道「末世必有危險的日子來到」（提後三 1）。耶穌實實在在地告訴祂的門徒說：「在世上，你們有苦難。」（約十六 33）彼得也說：「有火煉的試驗臨到你們，不要以為奇怪。」（彼前四 12）它們有的顯示撒但的計謀，有的只是罪的癌症在世上蔓延的結果，這些都使我們更加渴望永遠與主同在的完美榮耀。當眾多問題逐漸累積達到一個無法超越的突破點，就需要不尋常的能力來突破了，只有破例的禱告才能帶出那能力。

　　就禱告而言，我們都傾向於回復預設的程度──往往是比我們願意承認的更輕鬆舒服的狀態。耶穌可不同，從祂的生平可以看到，祂會視當下的需要調高祂禱告的熱切程度。從充滿喜樂的請求，到整夜禱告，到呼求「阿爸！父！」就在祂面臨十字架之際（可十四 36）。

　　熱切的禱告摸著神的心，「義人祈禱所發的力量是大有功效的」（雅五 16）。請想像一下，聯合許多義人之力、堅持不懈、同心合意，加上每一個人都禁食，這樣的祈禱會達成多大的事。它不光是連結而已，更能行神蹟，移山，帶來復興，改變國家的走向。破例的禱告能帶出特殊非凡的結果。

Pray 禱告時刻

全能的神，讚美祢，因為在祢沒有不可能的事。求祢訓練並引導我們進入破例的禱告中。幫助我們脫去任何罪惡，將自己完全地降服於祢，願我們從祢的眼光去看我們所住城市與國家的需要，聯合我的教會與社區的基督徒，一起投入在這樣的禱告裡。願我們行在愛中，心意相同，憑信心禁食，合一禱告，熱切而堅持不懈。求祢為我們的土地帶來復興和屬靈的覺醒，神哪，藉著我們使祢得榮耀！

Question 問題討論

・破例的禱告有哪些層面？

・作為一個小組，請找出聖經的例子或以個人為例，討論合一熱切的破例禱告如何大有功效。

・尼希米的禱告為何是一個破例的禱告呢？（參閱 209～211 頁）

尼希米的禱告

尼希米記一開始的情況就需要破例的禱告，其中有幾個特點跟你將面臨（可能是現在）的高壓情況很像：需要盡速採取行動，家人正心煩意亂，情況看似無助又很想做點什麼，無法接近實際出問題的地方，完全得看某人的恩惠或決定才能夠採取下一步行動等等。

儘管所有令人挫折的情況都出現，眼看只有兩種選擇，要麼放棄、要麼生氣，尼希米仍選擇了最佳解決之道：禱告。

當我們進一步研究他把憂愁帶到神面前時所說和所做的，就像是在觀察專家於破例禱告策略中的行動。僅僅五、六節經文的長度，說明他在禱告的同時就做了 20 幾件正確的事。讓我們花點時間仔細看一看吧。請讀以下尼希米記一章 4-11 節的禱告，並留意重點字的部分。接著請看表格，裡面有他所採用的禱告具體策略和原則，全部都在這一個禱告裡。

我聽見這話，就坐下哭泣，悲哀幾日，在天上的神面前禁食祈禱，說：「耶和華——天上的神，大而可畏的神啊，你向愛你、守你誡命的人守約施慈愛。願你睜眼看，側耳聽，你僕人晝夜在你面前為你眾僕人以色列民的祈禱，承認我們以色列人向你所犯的罪；我與我父家都有罪了。我們向你所行的甚是邪惡，沒有遵守你藉著僕人摩西所吩咐的誡命、律例、典章。

求你記念所吩咐你僕人摩西的話，說：『你們若犯罪，我就把你們分散在萬民中；但你們若歸向我，謹守遵行我的誡命，你們被趕散的人雖在天涯，我也必從那裏將他們招聚回來，帶

到我所選擇立為我名的居所。」這都是你的僕人、你的百姓，就是你用大力和大能的手所救贖的。

　　主啊，求你側耳聽你僕人的祈禱，和喜愛敬畏你名眾僕人的祈禱，使你僕人現今亨通，在王面前蒙恩。」

尼希米的言語	他如何禱告
• 「坐下」	• 以謙卑的心
• 「哭泣、悲哀」	• 以破碎的心
• 「禁食祈禱」	• 以禁食
• 「我懇求祢，耶和華神啊」（Yahweh）	• 用神的名字
• 「天上的神」	• 用神的另一個名字
• 「大而可畏」	• 讚美神的性格
• 「神」（El）	• 用神的另一個名字
• 「守約施慈愛」	• 讚美神的屬性
• 「晝夜禱告」	• 熱切而堅持不懈
• 「為以色列民祈禱」	• 代求
• 「我們有罪了」	• 承認犯罪、代求
• 「我與我父家都有罪了」	• 以個人悔改的心
• 「記念祢的話」	• 用神的話來禱告
• 「神的名的居所」	• 用神的名字

・「祢的大力和大能的手」	・以讚美與信心
・「主啊」（Adonai）	・又用神的另一個名字
・「求祢」	・懇求
・「祢僕人的祈禱」	・個別禱告
・「祢眾僕人的祈禱」	・合一禱告
・「敬畏你名」	・用神的名字
・「使祢僕人亨通」	・具體地禱告
・「使他蒙恩」	・以信心與期待

Part 5 目標

Targets

30

為失喪者禱告

我們替基督求你們與神和好。（林後五 20）

WE PLEAD ON CHRIST'S BEHALF, "BE RECONCILED TO GOD."

如果我們夠誠實，大概會是為自己多過為其他人禱告吧，畢竟在家人朋友中，有誰比我們更清楚自己的盼望、掙扎和掛慮呢？而僅次於自己的禱告目標，應該就是與我們親近的人，接著是其他親友。

作為信徒，我們應該把為失喪者禱告擺在第幾位呢？失喪者是指尚未信靠耶穌基督並與祂建立關係的人。

在羅馬書十章，保羅說他心裡的渴望與禱告，是他的同胞都能得救，在提摩太前書二章 4 節我們得知，神「願意萬人得救，明白真道」，甚至在約翰福音三章 16 節，堪稱聖經中識別度最高的一節經文，也宣告神出於愛的緣故，差祂的兒子來拯救全世界的人。

毫無疑問的，當人們歸向神、藉著信靠耶穌基督而接受祂，祂就喜悅並得榮耀。既然知道「他藉著基督使我們與他和

好，又將勸人與他和好的職分賜給我們」（林後五18），為何我們沒有熱切又忠心地為這目標禱告呢？

原因之一是，仇敵反對我們還有我們的禱告，他的計謀是盡可能避免人聽見和接受福音的好消息，因為「如果我們的福音蒙蔽，就是蒙蔽在滅亡的人身上。此等不信之人被這世界的神弄瞎了心眼，不叫基督榮耀福音的光照著他們。基督本是神的像」（林後四3-4）。撒但知道他已經輸掉這場戰爭，現在他的心願只是趁還行的時候，盡可能製造更多傷害。

幸好我們能在禱告中敵擋他，請求神打開失喪者的眼睛，向他們顯明他們需要一位救主，求祂差我們和別人去把祂的慈愛與饒恕告訴他們。作為信徒，如同保羅所說，我們要藉著溫柔、耐心、清楚的見證和生活方式，「或者神給他們悔改的心，可以明白真道，叫他們這已經被魔鬼任意擄去的，可以醒悟，脫離他的網羅」（提後二25-26）。

換句話說，我們以禱告敵擋仇敵的詭計，加上我們對基督的順服，就能創造機會讓更多人聽見福音，明白福音的真理。這就是為什麼我們聽見保羅請求當時的教會：「你們要以感恩和儆醒的心恆切禱告。要為我們禱告，求上帝為我們打開傳道的門，好傳揚基督的奧祕——我就是為此而被囚禁的。也要求上帝使我能盡自己的本份把這奧祕講清楚。」（西四2-4，當代聖經）

相信神必為我們「打開」這些門，使我們得以分享基督如何改變生命的見證，為福音也能深入別人心中作好準備。當然祂最清楚如何賜下良機，一旦我們禱告並尋找機會，將不會錯

過分享福音的好機會——我們必須事先準備，才能把握機會。

禱告策略的下一個部分，就是：隨時做好準備。

當我們要開口說話的時機來到，就需要勇氣說應當說的話。保羅在以弗所書六章 19 節請求道：「也為我祈求，使我得著口才，能以放膽開口講明福音的奧祕。」我們需要這種準備就緒的自信，不能讓尷尬或害怕被拒絕阻止我們分享全宇宙最重要的信息。要是把安全感放在前面、他人需要聽見真理往後擺，好像是在說：「我的舒適度比你的救恩更重要。」

這就是為什麼保羅為放膽傳福音而禱告，這就是為什麼我們也應該祈求勇氣——不至於為了強烈表達我們的心意而使人退避三舍，也不要退縮不敢把神引導我們說的話說出口。只要保持正確的心態，這樣，聖靈就能做惟有祂能做的事：帶來悔改。

耶穌親口說他來到世上的原因，是為要尋找並拯救失喪的人（路十九 10）。作為今天他在地上的身體的一部分（此指基督徒），我們需要把這個優先順序視為活在世上的重要目的之一。這不是說應該捨棄神現已賦予我們的責任，轉去作全職的傳道人，是指要在凡事上、在任何的情況下，都要隨時準備好向一個失喪、垂死的世界分享基督的愛。

我們的禱告不應該僅限於在自己影響範圍內的人，也必須為從未謀面的人禱告。為宣教士祈求，使他們在當地得著更多機會，能放膽向生活在那片可能我們從未去過的土地上的人，傳揚神的愛。為領袖祈求，使他們聽見福音並明白他們需要赦

罪與救恩。為那些在鎂光燈下對大眾有影響力的人禱告。為那些福音未觸及的族群禱告，他們迫切需要有人去認識他們，跟他們分享惟有在基督裡才能找到的盼望。是的，為每一個地方的每一個人禱告，持續不斷地代求，就算我們只是廣泛地為全球的人們代禱，神也知道如何將這樣的禱告全部投放在正確的地方，直接進入那些已被吸引到祂面前來的人心中。

我們又該如何為失喪者祈求？求神開始在他們心中動工，預備他們的心接受真理。

我們以禱告抵擋仇敵，阻止他弄瞎他們的心眼。

祈求機會出現與放膽去行，為我們自己也為別人，能以愛和能力分享福音。

為知罪禱告，求神使他們感到扎心，帶來真正的悔改並渴望基督洗淨他們的罪。

也要求神賜下祝福、引導、保護與同在，給所有順服祂和尋求祂的人。

當我們明白失喪者在屬靈上是瞎眼的、沒有希望的、不信基督就要滅亡的──就像我們還沒有蒙祂慈愛拯救以前那樣──光這點覺悟已該使我們更迫切禱告才是。因為時候不多了，機會也不多了，讓我們遵行神已呼召我們去做的事，去尋找那一隻迷失的羊、那一只失落的錢幣、那一個還不了解真理的浪子（路十五）。求神使我們遇見一些人，為我們打開門，也使我們有像耶穌那樣的勇氣說該說的話。支持在國內和海外分享神的愛的人，以禱告掩護他們，並渴望將救恩的奇妙禮物

帶給失喪的人，看見神得榮耀，「因為凡求告主名的，就必得救」（羅十13）。我們要參與其中，藉著禱告。

Pray 禱告時刻

主，求祢擴寬我的心胸，使我更關心失喪的人，為他們傷心、為他們心痛，不要忽略他們或什麼都不做。我若有半點貶低他們對祢的需要，或認為他們還未得救的事讓別人去擔心就可以，都求祢使我立刻警惕。當我每天到各處去時，開啟我的眼使我看見祢已打開的門，好讓我為祢的良善信實作有效的見證。主啊，請為我們敵擋仇敵，不讓他成功地阻止真理穿透人心，因有許多瀕臨死亡的人沒有聽見福音、沒有信靠祢。感謝祢讓我參與神國的這個首要工作，懇求祢幫助我視之為榮幸，不是重擔——使我願意犧牲奉獻，因祢已為我作了最大的犧牲。

Question 問題討論

· 過去誰曾為你禱告，幫助了你信靠基督並與祂建立關係？為失喪人禱告是否合乎聖經？

· 你認識的人裡面有哪一位需要神，你想開始為誰禱告？今天最後就來為那些人代禱吧。

31

為信徒禱告

眾聖徒的心從你得了暢快。（腓利門書 7 節）

THE HEARTS OF THE SAINTS HAVE BEEN REFRESHED THROUGH YOU.

最常聽見基督徒對他人說的話，恐怕就是「我會為你禱告」了，那也是我們最常答應卻沒有做到的事。

我們需要為彼此禱告，這是信徒們所能為彼此做的最有愛心的事了。你在基督裡的弟兄姊妹，正碰到各人生命中的任何挑戰，需要能夠卸下重擔，因知他們並不孤單，有他們主內的家人作後盾，尤其當你說了會為他們禱告。

保羅形容這是「儆醒不倦」，「隨時」做的事。我們要「靠著聖靈，隨時多方禱告祈求，並要在此儆醒不倦，為眾聖徒祈求」（弗六 18），請留意這是涵蓋一切的命令與期望。使徒行傳二章裡的教會「天天」一起經歷人生各樣的事，他們有相同的目標「同心合意」地一起互動。他們深度參與彼此的生活，經常「一家一家地擘餅，存著歡樂和誠懇的心用飯」（46 節，新譯本）。儘管接下來的日子他們遭遇逼迫和威脅生命的挑戰，我們可看到神的靈在他們當中施行神蹟，看到他們放膽為

基督作見證，看到真的每一天都很多人信主，看到罪被暴露、人心悔改，看到團隊合作，看到慷慨和無私，看到神的大能經常展現在人眼前，看到的每一件事都是我們希望在今天、在教會裡見到的。

我們今日能為教會合一復興所能做的最大貢獻之一，就是主動落實信徒彼此代禱。這使我們得醫治，使我們彼此連結，使我們合而為一。

新約中的保羅書信幾乎全都是寫給不同教會的，不論他個人跟他們的關係如何，他都在信中保證他是真心地、不斷地、熱切地為他們禱告。

保羅對羅馬的信徒說：「神可以見證，我怎樣不住地提到你們；在禱告之間常常懇求，……這樣，我在你們中間，因你與我彼此的信心，就可以同得安慰。」（羅一 9-12）他告訴以弗所的信徒，他為他們不住地感謝神。禱告的時候，常提到他們（弗一 16）。對腓立比信徒，他說：「我每逢想念你們，就感謝我的神；每逢為你們眾人祈求的時候，常是歡歡喜喜地祈求。」（腓一 3-4）寫信給歌羅西信徒時，他說：「我們感謝神、我們主耶穌基督的父，常常為你們禱告；因聽見你們在基督耶穌裏的信心，並向眾聖徒的愛心。」（西一 3-4）

我們應該效法這位忠信使徒的好榜樣，不論是反射動作和日常慣例，都要鼓勵其他信徒，為他們感謝神，安慰他們，和他們一起敬拜神，將他們擔憂的事包括身體和靈性上的，帶到神面前，也請他們同樣為我們代禱。

　　當你思考如何真正瞄準這類禱告時，請考慮用一個真正適用不同的人和不同情況的策略：用主禱文作禱告的大綱。不是用來為自己禱告，而是為信徒禱告。好比說：

> 在天上的父，我為我的弟兄（我的姐妹）禱告，為他們讚美祢的名，求祢今天使他們心中充滿對祢的敬拜。無論他們到哪裡，也無論他們在做什麼，願他們都以擴張祢的國度為最大的渴望。願他們對準祢的旨意並確實遵行，使祢的旨意在地上成就如在天上一樣。求祢供應他們日用的飲食——使他們興盛且蒙眷顧所需的一切祢都知道。求祢賜給他們悔改的心，赦免他們的罪，如同祢已赦免我的罪。也求祢保守他們的人際關係免於苦毒和困難，使他們饒恕那得罪他們的人。神啊，請祢保護他們不受試探，不讓他們遭遇不幸以致受壓過重。也求祢救他們脫離一切兇惡——脫離仇敵的一切詭計和攻擊，脫離一切企圖擊垮他們、令他們灰心的武器。因為國度、權柄、榮耀都是祢的，直到永遠。神啊，祢治理和掌管，祢已經藉著基督所完成的工作賜給他們勝利了。所以今天我為他們禱告，是奉耶穌的名祈求，阿們。

　　以上範例告訴我們什麼是瞄準禱告目標的策略。這是符合聖經的禱告，用神的話語禱告——你可以適時加入那人的具體情況——瞄準的範圍涵蓋他們生命的每一層面，為每一個部分尋求神的旨意。

　　然而太多時候，信徒之間提出代禱事項時，常常變成列舉器官的時間：為我阿姨的腎臟有狀況代禱；為我表姐的腸癌禱告；為我弟弟的大拇趾禱告。雖然我們都需要適當地為身體健壯禱告（約參2），請務必小心，不要把肉體方面短暫的需求擺在最優先，卻把屬靈的永恆需要擺在後面。有人說得好，那樣一來，我們花在祈求不讓生病的聖徒上天堂的時間，就多過為失喪的罪人脫離地獄禱告了。

　　使徒保羅為信徒的祈禱大有能力，他幾乎總是針對屬靈的事禱告。如果你查考以弗所書一章和三章，腓立比書一章和歌羅西書一章，就會看到他很有策略地藉著耶穌基督向父神祈禱，求祂藉著聖靈深入聖徒內心大大地動工，向他們啟示真理──關於神是誰，他們在基督裡的身分，以及因為他們在基督裡的地位而擁有的美好祝福和大能的獎賞。保羅求神顯明祂的旨意和愛，堅固並裝備信徒，好讓他們多結屬靈的果子，在認識神的知識和對神的信心上大有長進。關於如何彼此代禱，我們有好多可以學的，當屬靈的問題獲得解決，許多枝節和次要問題都可以被清除和處理。

　　想想看，對主內肢體的一個禱告的承諾，可以怎樣激勵我們的關係和共同的使命感。想想看，如果神知道我們會把讚美和感謝的消息傳給所有一直在為我們禱告的人，祂得著的榮耀更多，我們也會看見更多的禱告蒙應允。想想有別人在為你禱告──就算只有一個人──你就會再度起身、繼續前進。想想看，我們若沒有善用這隨時可得的機會祝福別人，也從別人那裡得祝福，那會有多大的損失呢？只是一個簡單投資，卻能獲

得不可思議的「紅利」。

不久前，在 80 年代街機遊戲 Pac-Man（小精靈）的週年紀念日中，經濟學家對此比較把一個 25 美分的硬幣投入機台，還是存入儲金帳戶的結果有何不同。他們發現當人們在 1980年投資 25 美分去享受幾分鐘的娛樂，所付出的代價不只那 25分錢，如果把同樣的貨幣值投入標準普爾 500 指數中股價較高的投資帳戶裡，今天可能不止 1,800 元美金。假使那些追逐高分的人，在整個夏天裡投入機台的硬幣多達美金 100 元，他們所浪費的那 100 元的時間，現在可能價值將近 75 萬美元。

可見有多少時間被我們自己的慾望、問題以及長篇大論給吞噬掉？其實我們本可把那些時間投資在為別人禱告上，而且毫無損失，因有神幫助我們處理我們人生的種種問題。不讓自己為共同的生命體付出更多，甚至連最低限度也不做，這會使基督肢體的哪一種機會成本受到箝制呢？因此，「你們要互相代求」（雅五 16）。

它將帶來高額、永恆的「紅利」。

P_{ray} 禱告時刻

主，謝謝祢賜給我的教會，感謝祢使我藉由在基督裡共同的信仰所認識的朋友和家庭。求祢幫助我們委身互相代求，好叫我們的關係更加鞏固。主，願祢因我們彼此相愛、互相關懷而喜悅。願祢在我們當中的作為使祢名得榮耀，我們將一直仰望祢、讚美祢。求祢祝福我們，好讓世人看見祢的大能和祢為我們生命帶來的改變。

$Q_{uestion}$ 問題討論

- 為什麼必須為其他信徒代禱？

- 為什麼我們多半為身體、較少為靈命的需要禱告？

- 使徒保羅為其他信徒禱告哪些事呢？（請參見以弗所書一章，腓立比書一章，歌羅西書一章）最後以彼此代禱作結束。

32

為家人禱告

我聽見我的兒女們按真理而行，我的喜樂就沒有比這個大的。
（約翰參書 4 節）

I HAVE NO GREATER JOY THAN THIS, TO HEAR OF MY CHILDREN
WALKING IN THE TRUTH.

為你的配偶、子女及家族，甚至包括自己禱告時，只求「祝福」、「與他們同在」應該早就無法滿足你了吧？應該還有其他事項需要恆切禱告的吧？你應該知道你到底要跟神求什麼，對嗎？概括性的禱告能得到概括的回答，當我們具體地禱告時，會看見祂恩手的作為，更將大大讚美神。

開始用你沿途收集的材料組裝吧——為你所愛的親人制定代禱的作戰計劃。

已婚者應從你的妻子或丈夫開始。聖經所呈現的婚姻不只是承諾一生的浪漫依附，婚姻是有血有肉地把福音呈現給你的子女、朋友，和你所認識的每一個人。這就是為什麼聖經吩咐作丈夫的「要愛你們的妻子，正如基督愛教會，為教會捨己」（弗五 25），妻子也要「順服丈夫」，不是出於任何卑屈或

自卑感，是支持他們的領導「如同順服主」（22 節），如同我們每一個人尊榮至高元首耶穌基督那樣地尊榮他們。

你們應當求神使你們常常維護婚姻的這個重要功能，求神使你奔向基督去尋找愛、喜樂與平安，不是向配偶索要。然後你能把你從基督那裡得著的愛、喜樂與平安，像禮物一樣帶回去送給另一半。灰心失望的時候要禱告，不讓那些歧見凌駕你們關係之上，使你們失去起初的愛與焦點。求神使你們倆都願意聆聽對方，尊重地、坦誠公開地、即刻付出耐性和恩慈。慢慢地生氣，快快地饒恕。當外部壓力升高，威脅到你們彼此的承諾時，要禱告，求神使你們不計代價地堅持夫妻同心。求神賜福使你們每天以彼此為樂，享受婚姻的親密感。你們的榜樣是最寶貴的──切莫重視別人的聲音過於你配偶的，聽別人的意見固然有好處，總不如夫妻同心合意的益處。

從個人角度──當你特別為你的妻子或丈夫禱告時，不要忘了聖經說我們的第一條誡命是「你要盡心、盡性、盡力、盡意愛主──你的神」，其次是「要愛鄰舍如同自己」（路十27）。因此為你配偶禱告最要緊的，就是求神使他或她滿懷愛與感恩地專心跟從基督，降服於祂的主權並遵行祂的道。也要為他或她跟每一個人相處時能顯出愛與無私來禱告，尤其倘若正與某人的關係有點緊張或爭議時。為與人和睦禱告，為破裂關係獲得醫治與復原禱告。

接著要為配偶常能敏銳察覺神的心意、知道如何處理每日各項抉擇代求。祈求神的靈常使你主動、準確地感受配偶的需要，好讓神可以使用你在他們面臨所有決策時，幫助他們釐

清、洞悉問題。求神藉著他們的生命榮耀祂，使他們對此充滿新鮮的喜悅，這樣你的代禱便能呼應大衛所說，願祂「將你心所願的賜給你，成就你的一切籌算」（詩二十4）。

相信你已經看出來了，以上每一個禱告都可以自然地擴大到你們兒女身上，為他們以忠於神為第一優先禱告，為他們與另一半感情堅固、相互扶持、免於爭吵禱告，求神使他們明白神的道和祂的旨意如何。

有了這樣的禱告，神必繼續引導你更具體地代求，舉個例子，就像對你的配偶（和你）一樣，撒但處心積慮地要使你們的子女懷疑自己的價值和身分，落入矛盾困惑、分心擾攘和不必要的壓力之中。作為父母的角色就是站在破口上，專注聆聽他們心聲，知道他們內心真實的情況，用你的手臂環繞著他們，帶他們一起禱告，即使你跟他們分隔兩地。代禱要殷勤，為他們得蒙保護、為他們的個性、友誼、能挺得住試探來代禱。或許他們尚未了解自己身處激烈的屬靈爭戰之中，也不曉得屬靈的敵對勢力正一波又一波地搶奪他們眼目和興趣（弗六12），但是你知道，你已感受到。務必堅守代禱的陣地，支取神的應許，為他們在屬靈戰爭中得勝不住地代求。

如果你的孩子年紀還小，意味著有許多重大的抉擇和人生的里程碑仍在前頭等著他們：教育的選擇、婚姻對象的選擇、工作的選擇，當然還有屬靈方面的抉擇和承諾。祈求神的靈在他們前頭行，為他們預備一位敬虔愛主的配偶，使他們周圍常有屬神的人給他們好的影響，使他們遇見好機會，好讓他們的恩賜才幹蒙神使用，使人讚美祂的名，也被吸引來信靠祂。

　　也許你的子女都已長大成人，也生兒育女了，那麼，就照聖經時常教導的為他們禱告，使他們在他們的世代作個對神忠心的人，享受祂「守約施慈愛，直到千代」的福氣，並使他們的後代一樣繼續的「愛祂、守祂誡命」（申七 9）。當你禱告「天父，我以禱告托住我的兒女」，沒有什麼能阻止你加上一句「也為我的孫子女和曾孫子女禱告」，放心地擴大你禱告的範圍，神的祝福絕對能延及你的子子孫孫。

　　詩人禱告時，心裡想著後代子孫這樣說：「使將要生的後代子孫可以曉得；他們也要起來告訴他們的子孫，好叫他們仰望神，不忘記神的作為，惟要守他的命令。」（詩七十八 6-7）

　　我們再次看到，神的靈必為你解開真道，好讓你照著神所定的完美計畫為你的家人與後代子孫禱告。你根本不用擔心想不出該怎樣有效具體地為他們代求，為家人禱告的作戰計畫只需要用心投入就對了。把它列為優先，像刻意瞄準靶心一樣，用聚焦的、個別的、出於聖靈感動的祈願與宣告，一圈又一圈的把他們團團包住。

　　你可以（也應該）為你的婚姻、子女、家庭做各式各樣的投資。投資愛和時間，實際的行動和情感的支持，接送和輪流用車，聆聽心事和耐心建議，勞力的付出與金錢的慷慨。依據聖經的見證，最有效地運用你的影響力以及最重要的投資，就是為他們禱告。禱告能幫助你更認識神，同時也更認識家中每一名成員。他們一生中最棒的朋友或伴侶，莫過於為他們祈禱的丈夫或妻子、父母或祖父母，或神呼召你去扮演的其他美好的角色。

*P*ray 禱告時刻

主，今天我把家人帶到祢面前——他們的需要、他們的掙扎，他們的目標，他們擔憂掛慮的事，他們的現在與未來。我的這些家人其實是屬於祢的，他們是主祢在恩典中與我分享的，求祢幫助我一直為他們禱告、為他們尋求祢的旨意，藉此表達我對祢的感謝。同時也求祢賜給我智慧，使我知道如何以愛和忠實對待他們。賜給我分辨力，使我明察他們在每一個季節中身體和靈性上的需要，幫助我忠心地為他們禱告，靠著聖靈的能力，憑信心與愛心，以禱告托住他們。願後代的子子孫孫都因我的禱告蒙福。奉耶穌的名祈求，阿們。

*Q*uestion 問題討論

· 在你們家有什麼蒙應允的禱告？分享一下。

· 你們家有誰曾經為你禱告？現在你在為誰禱告？

· 現在你最希望神為你們家成就的前三件事是什麼？不妨一起為那些事禱告吧。

33

為有權柄者禱告

你要提醒眾人，叫他們順服作官的、掌權的，……
總要和平，向眾人大顯溫柔。（多三 1-2）

REMIND THEM TO BE SUBJECT TO RULERS, TO AUTHORITIES . . .
SHOWING EVERY CONSIDERATION FOR ALL MEN.

有權柄者的行為和決定，對他們影響力範圍內的人會帶來很大的不同——好的和壞的影響都有。想想一個以誠信與卓越領導他的企業，而不是吝嗇、違法、經常性地怪罪他人的企業主；想想一位對兒女滿有慈愛、支持兒女又很有智慧地訓練兒女，而不是忽略兒女、虐待兒女的父親。想想聖經人物，如摩西和亞倫，和古時以色列的那些領袖，他們在西奈山對神的不同回應，導致一邊是領受十誡，另一邊是製造金牛犢。擁有權柄可幫助我們遵行神旨意，或反倒使我們難以追求神旨意。

居領導地位之人的影響具有漣漪效應，又因為他們扮演的不同角色伴隨著艱難的選擇和許多難題，因此聖經命令我們要為一切在位者禱告。「我勸你，第一要為萬人懇求、禱告、代求、祝謝；為君王和一切在位的，也該如此，使我們可以敬虔、

端正、平安無事地度日」（提前二 1-2）。為他們得救禱告，為他們領導或治理的能力禱告，為他們堅持最高標準和正確的優先順序禱告，包括個人方面和專業方面。

雖然我們每一個人都在某一方面須向高於我們的權威者交代——上司、父母、官員、執法人員，我們大多也代表某種權威：向子女、下屬、學生等任何聽我們指引、指令和指導的人。聖經的這個代禱命令同樣可用到這些關係——要為他們禱告，也為我們自己禱告，叫我們「為他們的靈魂時刻警醒」（來十三 17），認真地負起責任，存著謹慎敬重的心代禱，因知我們將來也要為是否善盡職責交帳。

本章旨在幫助你，全面覆蓋式地為整個權柄結構由上到下的指揮鏈禱告，不但為領袖禱告，也為被領導者禱告，一切都是為了神的榮耀。

我們傾向於從組織表和日常職責的角度去思考權柄，更重要的是，看神所定的安排，「沒有權柄不是出於神的，凡掌權的都是神所命的」（羅十三 1）。禱告是創造重大變革，把我們抗拒或厭惡權柄的天然傾向扭轉過來。神如此交代是要我們了解，除非在上位者要我們去犯罪，否則我們服從權柄（除了犯罪以外的其他情況）就是服從神。當我們為掌權者禱告時，就是在做一件對人人都大有益處的事。

基本上，權柄圍著這四大中心運作：家庭、教會、政府、職場。

以家庭為例，兒女應該為父母禱告，父母也應該為兒女

禱告；妻子要為丈夫禱告，丈夫也要為妻子禱告。這是神的作為在一個家庭中運行的方式之一，為了賜福給家庭中的每位成員，也要使家庭成為天國影響力的一支精兵隊伍。要遵照神的設計，家庭的功用才能發揮到最大：「你們作妻子的，當順服自己的丈夫，這在主裏面是相宜的。你們作丈夫的，要愛你們的妻子，不可苦待她們。你們作兒女的，要凡事聽從父母，因為這是主所喜悅的。你們作父親的，不要惹兒女的氣，恐怕他們失了志氣。」（西三 18-21）家中權柄井然有序，加上互相代禱，不但強化關係的每一條韌帶，也確立各人最終都是要順服神的。開始互相關懷和扶持，為彼此禱告，這一切都是出於順服神的緣故。

在教會裡，我們不僅蒙召順服牧者和領導層，也要經常為他們的心靈和對基督的順服禱告，好叫我們和別人可以效法他們的信心與榜樣（來十三 7）。這跟一般常見的不喜歡和不贊同教會領袖，在家裡和在背後說長道短或聽別人對他們的閒言閒語，是多麼大的不同啊。我們愛護和支持他們，目的是要讓他們視工作為一種喜樂，反過來整個教會也因他們的服事蒙福，並能保持專注於教會真正的呼召。

就像耶穌為祂的門徒所做的，也像保羅為眾教會所做的，牧師本身也應該為他的會友禱告，心中常掛念他們。牧師必須體認他們權威角色的重要性，要忠心地教導會友、守護會友的心靈，在基督的主權下耐心地引導他們，因基督是「教會全體之首」，「在凡事上居首位」（西一 18）。

在政府組織裡、職場上，也一樣可運用這種禱告。要忠心

地為你們國家的最高領導層和被選出的官員們禱告，即使是跟你觀點不同的領袖與官員，因知他們的領導會影響管轄範圍內的許多人的生活。神依然使用不完美的執政者執行祂的完美旨意（約十九 11；徒四 24-28），當然了，祂能隨意支配統治者的心（箴二十一 1），做法之一就是使用我們的熱切禱告與懇求。

也要為工作上的老闆與管理層禱告，和所有執掌權柄者一樣，他們肩負四大職責：（1）提供方向、指示和榜樣；（2）維護界線與規則；（3）對行得正的人予以讚揚；（4）對做錯事的人予以懲罰。就按照這幾個影響力範圍禱告吧，也不妨加上第 5 項：使他人看見基督，因為不管在哪個工作上的領導者，若將自己的地位交在神手中，必能被使用成為帶出屬靈改變的一股力量，包括在個人生命和社會文化上的改變。

禱告與權柄是一股強大的結合。我們以禱告支持在上的領導者，也為受我們關照的屬下禱告，「這是好的，在神我們救主面前可蒙悅納。他願意萬人得救，明白真道」（提前二 3-4）。

總歸來說，基督是一切受造萬物存在的理由，「因為萬有都是靠他造的，無論是天上的，地上的；能看見的，不能看見的；或是有位的，主治的，執政的，掌權的；一概都是藉著他造的，又是為他造的」（西一 16）。當我們為同在辦公室、學校和其他日常環境中的人們禱告時，就是在活出一個神聖的呼召，這種禱告可使神得榮耀。因為我們的禱告，祂的旨意將更能迅速全面性地成就。

Pray 禱告時刻

父神，我認定一切權柄都是從祢而來的，我的一切權柄之所以有力量也是祢所賜的，我選擇按著聖經為祢所放在我之上的掌權者禱告，包括政府、家庭和工作上的，表示我對祢的順服。求祢吸引他們來得著救恩，又使他們在一切決策上都本於敬畏神的心。求祢使用他們來引導、保護、稱讚和管教我，好讓我能遵行祢的旨意，也讓我為那些在我權柄之下的人照樣行。使用我叫他人得福，使我在他人眼前蒙恩，好讓我天天都能幫助人在祢完全的權柄和主權之下，充分發揮潛能。奉耶穌的名祈求，阿們。

Question 問題討論

- 為什麼必須為在上掌權的禱告，也要為那些在權柄之下的人禱告（提前二1-7）？

- 假如過去30年來信徒都忠心地為掌權者禱告，這世界會有什麼不同呢？

34
為收割莊稼的工人禱告

要收的莊稼多，做工的人少。所以，你們當求莊稼的主打發工人出去收他的莊稼。（路十2）

THE HARVEST IS PLENTIFUL, BUT THE LABORERS ARE FEW; THEREFORE BESEECH THE LORD OF THE HARVEST TO SEND OUT LABORERS INTO HIS HARVEST.

耶穌要我們舉目看周遭的人及世人，看見他們心靈受傷、空虛、徬徨，到處尋找人生意義和目的，如同羊群急需一位好牧人（太九 36-38）。耶穌深深地憐憫他們，我們也應如此。祂吩咐我們特特地祈求神、莊稼的主，差遣更多工人到祂靈魂的禾場收割莊稼。耶穌對龐大需要的解決辦法是：禱告——求神派更多人出去服事。

　　這禱告很具體也很有策略。我們祈求神的國降臨，也要禱告讓更多人先求祂的國並為神國服事。想想看，一個徹底降服神又被聖靈充滿的人——獻上一生服事神，為要將福音和神的道傳給心靈貧乏的人——可以怎樣徹底改變婚姻、家庭、教會、企業和一個城市的文化！以斯拉記、尼希米記、以斯帖記

都讓我們看到，一個願意順服神的人能協助扭轉整個國家的方向。求神興起更多充滿信心的天國僕人，這樣的禱告就如丟下一顆屬靈炸彈。

我們往往在個人需求和娛樂的痴迷之中迷失自己，忘卻世人靈魂失喪的悲劇正在上演。需要耶穌的失喪靈魂多到超過我們想像。許多人聽聞祂也接受了祂，許多人聽聞祂卻仍拒絕了祂，世上還有億萬個靈魂需要聽見全世界最棒的好消息：福音。這任務極其艱鉅，只不過在神沒有不可能的事。這是祂國度的呼召和首要議程，這就是為什麼我們應視之為最優先和最關心的事。

跟隨耶穌的每一個門徒都已蒙召作「收割莊稼」的工人（太十三 30；路二十 10）──去到禾場上禱告、服事、付出。祂在本地和海外已有一支事奉大軍，我們是加入他們一起服事教會和認領的國家，個個都甘心遵從這大能的全球使命。耶穌也呼召我們特別為他們禱告，不只是一般性地求神祝福他們，是以更有策略的熱誠和集中焦點的準確，為他們最急迫的任務禱告。

本地所有的牧師在自己教會都需要有一批代禱精兵，持續以禱告托住他們。這代禱的任務具有永恆的價值，因牧師們的呼召相當耗精力且負擔沉重，還肩負無窮的期待。他們聽從神的命令殷勤作工、犧牲付出，專心又忠心，熱誠又純一，更真心尋求尊榮神，並藉著服事和裝備他們的會友，要把福音的觸角伸到社區之中。想當然，仇敵會更猛烈地以他們和其家人為靶心大肆展開攻擊，為耗盡他們精力，以致家庭、健康和事奉

通通出問題。牧者們的服事大多是可見的，也有許多職責卻是不為人知的——辛苦地研究查考聖經、提供靈性的諮商輔導、在無止盡的衝突矛盾中建立和平。他們在喃喃的反對聲中扛著沉重的任務前進，處在如此高壓的情況下，會逐漸變得灰心，就像當年亞倫與戶珥為摩西做的那樣，我們也應該以禱告忠心地扶著他們的膀臂，因為知道光憑自己的力量是不夠的（出十七 11-12）。他們也會被試探以致犯罪、放棄，或是為了討好人而降低信息的純度，這也是為什麼牧者們需要大家的代禱，需要你的禱告。如果教會想要一位更好的牧師，請你開始忠心大膽地為目前的這位牧師禱告，發動全教會為牧師禱告。

禱告時可採用保羅的訓誨：「為我祈求，使我得著口才，能以放膽開口講明福音的奧祕，……並使我照著當盡的本分放膽講論。」（弗六 19-20）求神保護持守你們牧師的心靈、婚姻和家庭。求神使他能自由地、有自信地、毫不畏懼地實現他的事奉。求神使他畏懼神更勝於畏懼人，讓聖靈能感動吸引許多人來信從這福音，因著他付出的努力靈命得以迅速成長，行事為人越來越像基督。

祈求神差更多工人進入禾場時，可將影響範圍擴大到你的教會以外。為你居住的社區和城市裡其他相信聖經的教會牧師禱告，他們也和我們一樣是收割莊稼的工人。求神使城市當地的牧師們能聚集彼此代禱——「好叫主的道理快快行開，得著榮耀」（帖後三 1）。

也要為其他型態的事奉禱告：福音機構、校園福音機構、家庭事工、教會學校、人道救助組織。求神使這些事奉工人把

祂的道傳給各年齡層的人、最卑微弱小的人，以及周圍的失喪者。求神使他們靠主剛強，「堅固，不可搖動，常常竭力多做主工；因為知道，『他們』的勞苦在主裏面不是徒然的」（林前十五 58）。

接著為目前的和未來的宣教士禱告，為本國的和外國的宣教士禱告。他們之中有些正在危險的處境中開拓教會，有些正在引進最新的耕作技術到低開發的國家，有些在海外的學校教英語，有些正帶著孤兒認識養父母，有些正利用衛星設備傳揚神的道。這名單既長且廣，就像一個身子有許多肢體，我們一起禱告和服事使全球各地，包括國內的不同文化中顯揚基督，好讓世人知道、擁抱祂那賜生命的道和救恩。假如宣教士可以作為團體代表來發言，他們可能會這樣訴求：「你們要恆切禱告，在此儆醒感恩。也要為我們禱告，求神給我們開傳道的門，能以講基督的奧祕。」（西四 2-3）

最後一點，請定期為世界各國的失喪者禱告，尤其為那些尚未有基督徒發揮影響力的地方。據絕大多數的統計方式，這世界是由 11,500 個族群組成，目前的資料顯示，這些族群中有一半以上（大約 6,800 個），基督徒占總人口低於百分之二。其中有一半的族群（約 3,200 個）沒有任何基督徒，也無人以任何方式使他們聽聞福音。這些未得之民所在之處，沒有聖經，沒有教會，沒有宣教士，沒有屬靈的光。

在美國，似乎到哪裡都聽得到關於基督的信息，我們不能因此鬆懈忘記世上有很多民族還沒聽過祂的名字。從正面角度來看，美國人口約 3 億 2 千萬，全世界人口超過 70 億，美國

人僅代表今天全球人口的百分之五強。在許多人心目中，美國似乎是全宇宙的中心，但天堂將集合一群更廣大來自全世界的靈魂，神說：「我的殿必稱為萬民禱告的殿。」（賽五十六7）神的心願是萬民得救。我們的心應附和祂為萬民的心，「不願有一人沉淪，乃願人人都悔改」（彼後三9）。

　　所以耶穌這樣說：「舉目向田觀看，莊稼已經熟了。」（約四35）又說：「你們當求莊稼的主打發工人出去收他的莊稼。」（太九38）好叫「認識耶和華榮耀的知識要充滿遍地，好像水充滿洋海一般」（哈二14）。

P_{ray} 禱告時刻

主啊，把祢對萬民的心給我吧，一顆去愛和憐憫失喪靈魂的心。更新我對福音的愛，使我深深地景仰和關心那些已經獻上一生服事祢的人。求祢為他們預備所需要的，鼓勵他們，使他們凡事興盛，使他們的心放膽無懼。求祢興起並裝備工人去收割祢的莊稼。以祢的靈充滿他們，救他們脫離那惡者，賦予他們放膽向世人傳講和見證祢與祢話語的能力，直到祢再來的那一天。幫助我聽從祢的聲音，為祢的國度在地上擴展盡自己的一份力量。奉耶穌的名禱告，阿們。

$Q_{uestion}$ 問題討論

· 過去有哪些牧者、傳道為你生命帶來很大的祝福？

· 神使用誰來帶領你歸入基督名下？

· 為牧師、傳道和宣教士禱告，會對教會產生什麼積極正面的影響？會如何灌輸給下一代了解事奉神的重要性？

35

為眾教會與復興禱告

他的救恩誠然與敬畏他的人相近，叫榮耀住在我們的地上。
（詩八十五 9）

URELY HIS SALVATION IS NEAR TO THOSE WHO FEAR HIM, THAT GLORY
MAY DWELL IN OUR LAND.

他們開始禱告，結果帶來復興。他們的禱告持續了一百多年，不曾間斷。

　　西元 1727 年 5 月，有一小群基督徒移民到了德國，與其說他們以宗教熱誠為世人所知，不如說是以不和與內鬨聞名。他們的領導者開始求神運行動工，5 年之後即建立起屬於他們的灘頭堡——復興降臨。原本吵吵鬧鬧的信徒放下對彼此的抱怨和敵意，周圍的人紛紛歸入基督名下。當時的見證者一致提到神降臨祂百姓中間的那個「金黃色的夏天」，祂的造訪為他們留下喜樂、合一和聖靈的大能。

　　那年 8 月，一群年紀從 20 到 30 多歲、有男有女的青年，委身於全日無休的祈禱，每一個人輪流守望一小時。如此全日無休的禱告持續快 6 個月，期間有 25 個人決心離開家鄉遠赴

新世界，堪稱現代第一批宣教士，後來成行的人數增加到幾百位。這時期受此社群影響信主的人當中有約翰‧衛斯理（John Wesley），他的弟弟查理（Charles），以及朋友喬治‧懷特腓德（George Whitefield），這三人成為日後英格蘭大復興的健將。其中懷特腓德不久後也前往美國殖民地，與喬納森‧愛德華茲（Jonathan Edwards）等人掀起第一次大覺醒，於 1730 至 40 年代為無數人的生命點燃希望。那個不住禱告的德國小村莊則將持續超過一個世紀，不曾讓禱告的火熄滅，他們不斷地向世人傳福音，改變了整個國家和文化的面貌。

愛德華茲曾這樣說：「神的旨意是，當祂要在祂的教會成就一件非常美好的事之前，祂在那裡的子民應該先有非尋常的禱告。」

平常的人以非尋常的方式禱告。

在本書結尾，我們想做這樣的禱告，為你、為我們、為教會、為世人，總歸來說是為了神的榮耀。在此邀請你與我們一同熱切地祈求神在這時代，不只現在，不只在不久的將來，更是在我們一生的年月裡，成就極美好的大事。

因為我們已厭倦對自己國家和世界其他國家的處境普遍感到無助、充滿冷漠、恐懼、誰來都沒有用的感受。我們也厭倦漠不關心的教會在當地社區鄰里毫無影響力，更別提要向城市、國家，直到地極作基督的見證了。我們已厭倦信徒姑息自己的罪，一昧追逐私慾，滿足於了無生命的宗教，無視千萬人不認識耶穌而死亡。

　　是什麼原因使我們見不到神的靈豐豐富富地澆灌在我們身上，就像昔日祂所做的──復興許多家庭，恢復破碎的生命。看見救恩的突破，每一天吸引更多人歸向基督；徹底破除酒癮、毒癮、虐待、色情、暴力、自我毀滅，取而代之的是追求認識神的嶄新熱誠，活在屬靈的自由之中；種族間的緊張關係被打破，取而代之的是上帝憐憫的愛和寬恕；冤家成了好撒瑪利亞人，宿敵如今稱兄道弟；浪子回頭，犯罪率降到歷史最低；教會裡湧上一波波合一、集體又迫切的屬靈飢渴浪潮。整個文化面貌都大大改變了。

　　我們沒有理由看不見以上這些事情發生，甚至更多，除非我們決定不再禱告，除非我們選擇不在乎，除非我們屈從仇敵的迷惑，不再相信神話語的確據與應許。神的道穿越時間向我們呼召，再次督促我們相信祂會帶來復興……在我們這個時代。

　　聖經清楚地列出能帶來復興的原料：「這稱為我名下的子民，若是自卑、禱告，尋求我的面，轉離他們的惡行，我必從天上垂聽，赦免他們的罪，醫治他們的地。」（代下七 14）、「耶和華說：雖然如此，你們應當禁食、哭泣、悲哀，一心歸向我。你們要撕裂心腸，不撕裂衣服。」（珥二 12-13）、「事奉耶和華的祭司要在廊子和祭壇中間哭泣，說：『耶和華啊，求你顧惜你的百姓，不要使你的產業受羞辱，列邦管轄他們。為何容列國的人說：他們的神在哪裏呢？』耶和華就為自己的地發熱心，憐恤他的百姓。耶和華應允他的百姓說：『我必賜給你們五穀、新酒，和油，使你們飽足』。」（17-19 節）

　　耶穌開始在地上的事奉時宣告說：「主的靈在我身上，因為他用膏膏我，叫我傳福音給貧窮的人；差遣我報告：被擄的得釋放，瞎眼的得看見，叫那受壓制的得自由。」（路四 18-19）如今這聖靈也賜給信徒了，祂仍然能在我們這些順服神的百姓中間大大地運行。事實上，耶穌說我們將能夠「做比這更大的事」（約十四 12），只要我們靠著祂的靈，選擇禱告並用我們整個生命來榮耀祂。

　　復興的祕訣是合一、悔改而謙卑的禱告，持續不懈的禱告，破例的禱告，熱切的禱告……相信神要的永遠比我們想要的更好、更重要。

　　神想要的是恆久靠主，一群心裡已經預備好隨時被神使用，去收割莊稼、愛祂的百姓。一群願意一生遵行祂話語，準備領受唯獨祂能賜下的一切福氣的百姓。

　　20 世紀初威爾斯大復興的主要人物——伊凡・羅伯斯（Evan Roberts）曾將他的信息和內心渴望濃縮成以下要點：(1) 承認所有已知的罪，藉著基督領受赦免；(2) 將你裡面所有的懷疑或不確定感全部除去；(3) 隨時準備好立即服從聖靈；(4) 公開地承認主耶穌基督。換言之，就是禱告與順服。「主，折服我」這個他經常對神說的話，仍透過當時的文集迴盪至今。神回應了他這個禱告，降下大能，點燃無數人對神的熱愛。「主，折服我」——幫助我降服於祢，以祢的旨意為第一優先，毫不遲疑地遵行祢的道，把我自己擺在最後。最終能向虛空的我死去。

　　因此，我們一同站在這個歷史的時刻，需要聖靈和大能澆

灌下來，藉著我們成就祂純全完美的旨意，使我們預備好，奔赴祂渴望在這世代成就的一切。我們希望這本書的每一章都幫助你更拓展與神的關係，裝備你更親密地與祂同行，成為一個更專注有力的代禱勇士。

不要光站著，讓我們跪下來禱告吧，讓我們在此被折服，看見神即將在我們中間、家庭、教會和世界各國要成就的事。讓我們堅持禱告下去，讓我們在禱告中合一。當我們全心全意地尋求祂，以禱告爭戰，就必看見。

「耶和華啊，我要在萬民中稱謝你，在列邦中歌頌你！因為，你的慈愛大過諸天；你的誠實達到穹蒼。神啊，願你崇高過於諸天！願你的榮耀高過全地！求你應允我們，用右手拯救我們，好叫你所親愛的人得救。」（詩一百零八 3-6）

Pray 禱告時刻

主，我們在天上的父，我們需要祢。我們迫切地要祢。現在我們奉耶穌的名、藉著祂所流的血禱告，求祢在我們當中挑旺空前的信心和悔改。求祢柔軟我們的心，使我們因罪而憂傷痛悔。以熱切的心、禁食及獻身於禱告使祢的教會同心合意，只求單單渴望得著祢，和祢的榮耀傾注在我們中間。願我們謙卑自己，禱告，從惡行中回轉過來尋求祢的面，直到祢醫治這地。憐憫我們，主啊，赦免我們，潔淨我們，醫治我們。

主啊，賜下復興吧，帶千千萬萬人來信靠聖子耶穌而得救。求祢使我們這些屬祢的兒女全心全意服事祢、愛祢，將祢的愛分享給其他人。願世人看見祢的榮耀，願祢的名在我們這世代的萬國萬民之中被尊崇、愛慕。奉我們所信靠之耶穌的名禱告，阿們。

Question 問題討論

· 什麼是復興？過去有哪些事帶來復興？

· 你認為現在是什麼攔阻教會更多地為復興禱告？

· 請一起閱讀 250～251 頁「禱告的節奏」，討論有什麼點子可幫助你的小組或教會成為一群為萬國禱告的子民？

・神正在對你個人說什麼關於禱告的事？祂正引導你去做什麼嗎？

・研讀本章後，你認為最有意義的是哪一部分？討論結束時請使用本章最後的祈禱文作為出發點，一起為復興禱告。

Part 6 彈藥 Ammunition
一屬靈軍火庫

I

附錄：禱告的節奏
──定期聯禱會時程規劃

本書最後一章對復興的強烈呼籲，不僅僅是一廂情願的想法，過去神的靈曾經澆灌下來，聖靈運行在許多城市與國家，鼓動教會，吸引無數人信主得救。如今祂仍在作工，此時此地，在你的城市、你的國家。通常神會在合一、熱切、恆久的禱告浪潮中賜下復興，史上的大復興都是從禱告密室、禱告小組和教會的沃土中逐漸成長，往往歷經許多年月的耕耘，信徒們堅心相信神必垂聽且回應。

這就是為什麼現今有些宣教事工和教會，倡導發起聯合的禱告節奏，靈感來源是幾百年前就開始的「聯禱會」，即由自願委身的個人和小組定期舉行禱告會，接著傳播到其他地方，讓當地的信徒們也按照類似的時間表禱告。當神的百姓願意降服、悔改、滿心期待時，祂必回應，當眾聖徒同心合意禱告時，祂必賜福並大大地動工。

請考慮召集你們教會在往後的日子裡，採用以下所列的禱

告時程規劃。

週禱會——個人

　　至少每週一次，不論是單獨或在小組裡，固定分別出一段時間，特別為你的家庭、你們教會的復興，以及國家的屬靈覺醒禱告。為週間在當地的傳道祈求果效，以及積極活出神的道禱告。

月禱會——全教會

　　全教會的弟兄姊妹能一起最好，但至少是一個家庭小組、查經班，或較大型的禱告聚會。大家最少每月聚集一次，特別為祈求復興和屬靈覺醒禱告。

季禱會——全區

　　考慮招聚本地區眾教會每季一次，用一整天、下午或晚上舉行聯合禱告會，一起為城市的屬靈需要禱告。就算大家無法聚集在同個地點，只要所有人都知道這天全區的教會都將同時為同一件事禱告，將會經歷到神的大能。

年禱會——全國

　　全國禱告日（在美國是五月的第一個星期四）提供一年一次的機會讓全國各地的基督徒聚焦，集中精力為復興和悔改禱告，千萬別錯過，或是讓自己忙到忘記。要特別撥出這一天的時間，與眾信徒一起為教會復興和全國的屬靈覺醒熱切禱告。

II

附錄：屬靈溫度自我測試

你的屬靈景況是熱的？冷的？還是不冷不熱？請看以下敘述是否符合現況。如果神顯明你裡面的罪，那麼你要悔改及尋求祂的饒恕，賜下恩典使你與祂的關係再次更新，盡心盡意跟隨祂。

冷淡或不冷不熱的基督徒指標：

1. 你的靈命毫無喜樂，對屬靈的事覺得冷感。
2. 你不像從前那樣愛神、跟隨神了。
3. 至少有一件未承認的罪，而你不肯為那件事悔改。
4. 至少有一個人虧負你，而你拒絕饒恕。
5. 從你嘴巴說出不討神喜悅、使他人羞愧的話。
6. 你不認為上帝會回應禱告，或在生命中能夠看見神的大能。
7. 你有時間消遣娛樂，卻沒時間讀聖經和禱告。
8. 允許讓內在的驕傲、憂慮或懼怕阻止你順服神已吩咐去做的事。

9. 你在家裡的言行舉止是一個樣，在教會又是另一個樣。

10. 明知那些事不聖潔也不討神喜悅，你還是喜歡看或去做。

11. 你知道有人因為某些事跟你有疙瘩，可是你並不想去跟他們和好。

12. 你的敬拜很隨便，唱詩歌時心不在焉。

13. 要你奉獻金錢時，你很猶豫也錙銖必較，一點都不慷慨更不願犧牲。

14. 要別人來懇求你，你才願意加入教會的服事。

15. 你的鄰居、同事和周圍的朋友可能在未信主的情況下就死去，你對這事一點反應也沒有，不太想多費力氣跟他們分享你的信仰。

16. 你對你的屬靈狀況盲目，也不真的認為你需要悔改或做什麼改變。（啟三 15-19）

資料來源：摘自 "When Do We Need Revival? (Fifty Evidences of the Need for a Fresh Visitation of the Spirit in Revival)" by Nancy Leigh DeMoss ©1998 Life Action Ministries. Used with Permission.

III

附錄：福音

被造是為了帶給神喜悅和尊榮，由於人性的驕傲自私，沒有一個人達到被造的目的。我們都曾在一生中多次令神蒙羞，每一個人都犯了罪而虧欠了祂的尊榮和榮耀（羅三23）。

因此若有誰自稱是個好人，那他需要誠實面對自己：是否曾說謊、作弊、貪心、偷竊、反叛權柄或憎恨他人令神蒙羞？這些罪不但為此生帶來苦果，更使我們失去與神和好、與祂永遠同住在天上的資格。

神是聖潔的，祂必須拒絕一切有罪的（太十三41-43）。又因為祂是純全的，不能容許我們犯罪得罪了祂，卻可免受懲罰，那樣祂就不是公義的審判者了（羅二5-8）。聖經說我們的罪使我們與神隔絕，又說「罪的工價乃是死」（羅六23），這死不僅是肉體的死，也是靈性的死，導致我們與神永遠隔絕。

絕大多數人都不明白的是，我們偶一為之的善行並不能抹除我們的罪，更不能使我們在神眼中變得潔淨。倘若能，那我

們就可以靠自己的善行上天堂，不用理會公義的神如何反對罪惡了。這非但不可能，而且是否認神當得的榮耀。

好消息是，神是公義的，祂也滿有慈愛和憐憫。祂為我們提供一條更好的路，使我們罪得赦免並得以認識祂。

聖經說祂因為愛我們、憐憫我們，就差祂的獨生子耶穌基督來替我們受死，流出祂的血為我們付罪債。這是獻上一個純全的祭，也是神對我們的罪的公義審判，本該是我們卻讓耶穌來替我們接受應得的審判。耶穌的死滿足了神對公義的要求，同時讓神完全顯明祂的慈愛憐憫。耶穌死了三天之後，神使祂從死裡復活，成為我們永活的救贖者，證明祂就是神的兒子（羅一 4）。

「惟有基督在我們還作罪人的時候為我們死，神的愛就在此向我們顯明了。」（羅五 8）、「神愛世人，甚至將他的獨生子賜給他們，叫一切信他的，不致滅亡，反得永生。」（約三 16）

因為耶穌基督的死亡與復活，我們才有機會得著赦罪，進而與神和好。救恩是白白獲得的禮物，或許看來不太合理，聖經卻清清楚楚教導說，神無價地提供救恩給我們，好顯明祂那豐盛無比的恩典和仁慈（弗二 1-7）。現在祂正吩咐世人悔改，各人轉離惡行，謙卑自己，信靠耶穌而得救。只要你將生命降服在祂的主權之下，將一生交給祂掌管，你就能得著赦免，免費地接受永恆的生命。

「因為罪的工價乃是死；惟有神的恩賜，在我們的主基督

耶穌裏，乃是永生。」（羅六 23）

　　世上有無數的人已經藉著把生命交給耶穌基督與神和好了，但是每一個人必須自己作選擇。

　　「你若口裏認耶穌為主，心裏信神叫他從死裏復活，就必得救。」（羅十 9）

　　此刻是否有任何事阻止你將生命交給耶穌？如果你明白你需要得到赦免，也已經準備好跟神建立關係，我們鼓勵你現在就作一個禱告，將一生交給耶穌基督掌管。把你的過犯和你需要神赦免，坦白地告訴神吧。下定決心從你的罪中回轉，信靠祂和祂在十字架上成就的事。敞開你的心，邀請祂進入你生命中來充滿你、改變你的心，完全掌管你的人生。如果你不確定怎樣把以上這一切告訴祂，不妨用這個禱告作你的指引：

> 主耶穌，我知道我犯罪得罪了祢，應得上帝的審判。
> 我相信祢為我死在十字架上，償付了我的罪債。現
> 在我選擇離開我的罪，請求祢饒恕我。耶穌，我願
> 意讓祢成為我生命的主人和頂頭上司。求祢改變我，
> 幫助我今後一生為祢而活。感謝祢給我一個在天上
> 的家，讓我離世後可以與祢永遠同住。阿們。

　　如果你剛才真心誠意地禱告，將你的生命獻給耶穌基督，那麼現在我們要恭喜你，也要鼓勵你把這個決定告訴其他人。如果你是認真的，那麼你需要在這條屬靈的道路上跨出重要的前幾步：

　　首先，請務必找到一間教導聖經的教會，告訴他們你想要

遵照基督的吩咐受洗。這是一個重要的里程碑，讓你公開承認耶穌，跟別人分享你所相信的，展開你新的屬靈旅程。和你新加入的教會連結，固定參加聚會，與其他在耶穌基督裡的信徒分享生命經驗。他們會鼓勵你、為你禱告、幫助你成長。我們都需要團契和問責（承擔責任）的群體。

還有，請找一本你讀得懂的聖經版本，開始每一天花幾分鐘閱讀，可以先讀約翰福音，接著把新約讀完。讀的時候，求神教導你如何愛祂並與祂同行。開始在禱告中與神交談，感謝祂賜給你新生命，當你跌倒時向祂承認你的罪，你需要什麼就跟祂求。

當你與主同行的時候，要把握神給你的機會與他人分享信仰。聖經說：「有人問你們心中盼望的緣由，就要常作準備，以溫柔、敬畏的心回答各人。」（彼前三 15）沒有比認識神和使別人認識祂，更叫人喜樂的事了！

神真的為我們開了一條路，使我們可以經歷在祂裡面的確據和穩妥。人生有很多我們不知道或不能預料的事，惟有一件我們確實知道的：祂此刻與我們同在，從今往後我們的靈魂將永遠穩妥地與祂同在。

願神賜福與你，使你活出真理並發現祂的應許何等真實。

IV

附錄：禱告策略經文

使用下列合乎聖經的詳細計畫和處方，預備自己為你生命中重要的人代禱，投入對準目標的禱告。請把它們放在心上，好叫你能隨時專注於個別化的聚焦禱告，使你能根據具體的代禱事項，觀察神的回應。從為你的家人和教會領袖禱告，到為失喪人和你城市的屬靈狀況禱告，你將希望安排固定的時間與神相會，你不僅會在禱告中圍繞你的親人和其他人，還得以以奇妙的新方式親身經歷祂。

1. 為你的妻子禱告
2. 為你的丈夫禱告
3. 為你的兒女禱告
4. 為你們教會的牧師或傳道人禱告
5. 為在上執政掌權者禱告
6. 為還不認識基督的人禱告
7. 為其他信徒禱告
8. 為收割莊稼的工人禱告
9. 為你的城市禱告

1. 為你的妻子（或你自己）禱告

(1) 為她盡心、盡性、盡意、盡力愛主禱告。
（太二十二 36-40）

(2) 為她在基督裡找到她的美麗和身分，能反映基督的品格禱告。（箴三十一 30；彼前三 1-3）

(3) 愛神的道，讓神的道使她綻放，更像基督。（弗五 26）

(4) 以恩慈待人，憑愛心說誠實話，避免說八卦閒話。
（弗四 15, 29；提前三 11）

(5) 尊重你並順服你的領導，如同順服主一般。
（弗五 22-24；林前十四 45）

(6) 常存感恩的心，在基督裡而不是在環境中找到她的滿足。（腓四 10-13）

(7) 以基督那樣的喜樂殷勤款待和服事他人。（腓二 3-4）

(8) 一生使家人有益無損。（箴三十一 12；林前七 34）

(9) 邀請敬虔的年長婦女作她的心靈導師，幫助她成長。
（多二 3-4）

(10) 不信從謊言以致輕看自己作為妻子和母親的角色。
（多二 5）

(11) 有愛心、耐心、慢慢地動怒、快快地饒恕。
（弗四 32；雅一 19）

(12) 讓她對性的需求單單從丈夫獲得滿足，也滿足丈夫的性需求。（林前七 1-5）

(13) 恆切禱告並有效地為他人代求。（路二 37；西四 2）

(14) 效法基督的樣式殷勤持家、教養兒女。（箴三十一 27）

(15) 不讓她的品行有被人毀謗或失去信心的理由。

（提前五14）

2. 為你的丈夫（或你自己）禱告

(1) 為他盡心、盡性、盡意、盡力愛主禱告。

（太二十二 36-40）

(2) 表裡一致、言而有信、實現諾言。

（詩十五，一百一十二 1-9）

(3) 無條件地愛妳，對妳保持忠實。

（林前七 1-5；弗五 25-33）

(4) 忍耐、恩慈、慢慢地動怒、快快地饒恕。

（弗四 32；雅一19）

(5) 不分心或畏縮消極，能勇於承擔責任。（尼六 1-14）

(6) 成為勤勞的工作者，忠實可靠地養家。

（箴六 6-11；提前五 8）

(7) 周圍常有智慧人同行，避免愚昧人作伴。

（箴十三 20；林前十五 33）

(8) 運用良好的判斷力、秉公行義、好施憐憫、謙卑地與神同行。（彌六 8）

(9) 倚靠神的智慧與力量，不倚靠他自己的聰明。

（箴三 5-6；雅一 5；腓二 13）

(10) 作抉擇時，是基於敬畏神非懼怕人。

（詩三十四；箴九10，二十九 25）

(11) 成為一個勇敢、有智慧、有信念、堅定的屬靈領導者。

（書一 1-10；二十四 15）

(12) 破除任何的綑綁轄制、惡習，或使他停滯不前的成癮

行為。（約八 31, 36；羅六 1-19）

(13) 在神裡面找到他的身分與滿足，不在短暫的事物中尋找。（詩三十七 4；約壹二 15-17）

(14) 讀神的話語，以之作為他作抉擇時的指引。

（詩一百一十九 105；太七 24-27）

(15) 在神面前保持忠心，為後代留下堅穩的傳承。

（約十七 4；提後四 6-8）

3. 為子女禱告

(1) 為他們盡心、盡性、盡意、盡力愛主、愛鄰舍如同自己禱告。（太二十二 36-40）

(2) 從小就認識基督是主。（提後三 15）

(3) 培養對惡事、驕傲、假冒為善和罪的恨惡。

（詩九十七 10，三十八 18；箴八 13）

(4) 生活中的每個領域：靈性上、情感上、心理和身體上都得蒙保守，不受邪惡侵擾。

（約十 10，十七 15；羅十二 9）

(5) 當他們有罪的時候就被發現，並接受主的管教。

（詩一百一十九 71；來十二 5-6）。

(6) 從主領受智慧、聰明、知識和分辨力。

（但一 17, 20；箴一 4；雅一 5）

(7) 尊重與服從在上有權柄者。

（羅十三 1；弗六 1-3；來十三 17）

(8) 周圍常有智慧人同行，避免愚昧人作伴。

（箴一 10-16，十三 20）

(9) 找到一位敬虔的配偶，養育為基督而活的敬虔兒女。

　　（申六；林後六 14-17）

(10) 一生都保持性和道德方面的純潔。（林後六 18-20）

(11) 在神面前保持清潔的良心和一顆柔軟的心。

　　（徒二十四 16；提前一 19，四 1-2；多一 15-16）

(12) 無懼於任何邪惡，一生敬畏神。

　　（申十 12；詩二十三 4）

(13) 成為你們家庭和教會的祝福，向世人彰顯基督。

　　（太二十八 18-20；弗一 3，四 29）

(14) 在一切屬靈的智慧悟性上，滿心知道神的旨意；在各
　　樣的善事上，結滿仁義的果子。

　　（弗一 16-19；腓一 11；西一 9）

(15) 愛心滿溢，能明白什麼是最重要的，過誠實無過的生
　　活，直到基督的日子。（腓一 9-10）

4. 為你們教會的牧師或傳道人禱告

(1) 為他盡心、盡性、盡意、盡力愛主禱告。

　　（太二十二 36-40）

(2) 經歷聖靈的充滿與恩膏。（約十五 4-10；約壹二 20, 27）

(3) 在他的內心、言語和行為上尊榮基督。

　　（詩十九 14；林前十一 1；提前一 17；來五 4）

(4) 向他的妻子作一個滿有疼愛、忠實、有基督樣式的丈
　　夫。（弗五 25；西三 19；彼前三 7）

(5) 以智慧、勇氣和單單倚靠從聖靈而來的敏銳度，帶領他
　　的家庭和教會。

　　（瑪四 6；弗六 4；西三 21；提前五 8）

(6) 在基督裡面恆切地禱告，並倚靠神。

　　（徒一 14；羅十二 12；西四 2）

(7) 正確地講解真理的道，將福音傳達清楚。

　　（林前四 2；弗六 17；帖前二 13；提後二 15，四 2）

(8) 對失喪者有負擔，有效地贏得靈魂而多結福音的果子。

　　（可十六 15；路十 2；彼前三 15）

(9) 常保他的優先順序與神的旨意相符。

　　（箴二 5-6；腓二 14-15；西一 10-12）

(10) 行為純潔，蒙主保守不落入惡者的詭計。

　　　（弗四 27；帖後三 3；提前三 7；雅四 7；彼前五 8）

(11) 尋求上帝旨意領受共同異象，在教會中營造同心合一
　　　的氛圍。（約十七 21；林前一 10；弗四 3）

(12) 持續學習，不斷地深入理解神的道。（提後二 15）

(13) 經歷從神而來的健康、安息與安樂。（出三十三 14；
　　　詩一百一十六 7；太十一 28；來四 13；約參 2）

(14) 以好牧人耶穌的恩典、力量和恩慈憐憫對待他所帶領
　　　的教會全體。（哀三 32；可六 34）

(15) 在他主持婚禮、告別式和輔導協談時，都能顯出愛
　　　心、安慰和鼓勵。（林後一 3-4；帖前五 14）

5. 為在上執政掌權者禱告

(1) 在他們所扮演的角色上蒙祝福、被保守與得興盛來禱
　　告。（約參 2）

(2) 天天行在神的道路上及順服祂話語的權柄。

　　（彼前二 13-17）

(3) 能認識基督並降服於祂的主權。（提前二 4）

(4) 以尊榮、尊重、智慧、恩慈和敬虔來領導眾人。
（提前二 2）

(5) 運用良好的判斷力、秉公行義、好施憐憫、謙卑地與神同行。（彌六 8）

(6) 表裡一致、言而有信、實現諾言。
（詩十五，一百一十二 1-9）

(7) 不分心或畏縮消極，能勇於承擔責任。（尼六 1-14）

(8) 看顧、保護、引導和服務他們所關懷的人。
（來十三 17）

(9) 尊敬所有的人，不分性別、種族、宗教、社會地位。
（彼前二 17）

(10) 恨惡邪惡、驕傲、不公不義的事，並且轉離撒但的謊言和詭計。（彼前五 8）

(11) 制定能尊榮神的律例政策並鞏固家庭和城市的法律規定。（申十 13）

(12) 賞善罰惡。（羅十三 1-5；彼前二 14）

(13) 拒絕賄賂，審判不偏私。（詩十五）

(14) 努力工作、盡忠職守。（箴六 6-11；路十二 42-44）

(15) 做決策時，是基於敬畏神非懼怕人。
（詩三十四；箴九 10，二十九 25）

(16) 在他們的角色與職責上成為一個敬虔的榜樣。
（書二十四 15）

6. 為還不認識基督的人禱告

(1) 求神為他們與真正的信徒和福音建立連結。

（羅一 16；提前二 5-6）

(2) 隔絕那些影響他們遠離基督的事物。（約七 47-52）

(3) 揭露他們所相信、使他們遠離基督的謊言。（林後四 4）

(4) 求神憐憫、綑綁撒但，使他們願意離開黑暗進入光明，
好讓他們可以得到赦罪之恩。

　　（路十九 10；徒二十六 18）

(5) 照亮他們心中的眼睛，使他們看見神向信祂的人所顯出
的一切。（弗一 17-19）

(6) 使他們知罪，知道神將臨的審判，承認他們需要一位救
主。（約三 18，十六 8-9；林前一 18；弗二 1）

(7) 賜給他們悔改的心，回頭完全歸向基督。

　　（提後二 25-26；彼後三 9）

(8) 拯救他們，改變他們的心，又用聖靈充滿他們。

　　（結三十六 26；約三 16；弗五 18）

(9) 幫助他們接受洗禮並投入一間教導聖經的教會。

　　（太二十八 18-20）

(10) 求主施恩使他們每日悔改罪行，行在聖潔中。

　　（林後六 17；弗五 15-18）

(11) 幫助他們成為門徒並遵守神的道，得以在基督裡成長。

　　（約八 31-32）

(12) 幫助他們住在基督裡，以祂為真正的盼望和平安幸福
的源頭。（約四 10-14）

(13) 把他們從兇惡、魔鬼的陷阱和詭計中拯救出來，攻破
他們心中一切堅固營壘。（林後十 4-5）

(14) 幫助他們住在基督裡，照祂的旨意而活。

（約十五 1-17）

(15) 將來站在神面前時能被稱讚說他們是忠心的。

（太二十五 21；提前一 12；提後四 7）

7. 為其他信徒（或自己）禱告

(1) 為他們能將生命完全交給耶穌基督作主掌權禱告。

（羅十 9-10，十二 1-2）

(2) 受洗並待在一間教導聖經的教會裡，參與小組團契、服事、敬拜，和屬靈生命成長。

（太二十二 36-40，二十八 18-20；徒二 38）

(3) 學習住在基督裡，被聖靈充滿，照祂旨意而活。

（約十五 1-17）

(4) 作門徒，在基督裡成長，遵守神的道。（約八 31-32）

(5) 盡心、盡性、盡意、盡力愛主。

（太二十二 36-40；路六 46-49）

(6) 在生活中顯出愛心與恩慈，和氣地對待周圍的失喪者和信徒。（西四 5-6）

(7) 在神裡面找到他們的身分與滿足，而不是在其他任何事物中尋找。（詩三十七 4；弗一 3-14；約壹二 15-17）

(8) 認識他們在基督裡所繼承的盼望、豐盛、能力。

（弗一 18-19）

(9) 投入於個人的密室禱告，也在教會裡與眾人恆切禱告。

（太六 6，十八 19-20；西四 3）

(10) 每一天為罪自省悔改，並在神面前過聖潔生活。

（林後六 17；弗五 15-18）

（11）破除他們生命中任何綑綁轄制、堅固營壘或成癮行為。（約八 31, 36；羅六 1-19；林後十 4-5）

（12）誠實正直、言而有信、履行承諾。
　　（詩十五，一百一十二 1-9）

（13）以基督為真正的盼望和平安幸福的源頭。
　　（約四 10-14）

（14）分享福音並忠心地使他人作主的門徒。
　　（太二十八 18-20）

（15）將來站在神面前時能被稱讚說他們是忠心的。
　　（太二十五 21；提前一 12；提後四7）

8. 為收割莊稼的工人禱告

（1）求神打開信徒的眼睛，使他們心中對失喪者充滿愛和憐憫。（太九 27-28；約四 35；羅五 5，十 1）

（2）呼籲新的世代進入禾場，服事神的國。（太九 38）

（3）賜給他們信心、勇氣，主動服從神的呼召。
　　（可十三 10-11）

（4）提供代禱、鼓勵和資源，以在屬靈和財務上鞏固強化他們的事奉。（賽五十六 7；腓四 18-19）

（5）幫助他們不憑血氣，倚靠聖靈大能來服事。
　　（約十五 4-10；加五 16-25；約壹二 20, 27）

（6）幫助他們在言語和行為上，為基督作美好的見證。
　　（詩十九 14；林前十一 1；提前一 17）

（7）使他們成為殷勤、有功效、多結果子的工人。
　　（箴六 6-11；可十六 15；彼前三 15）

(8) 給他們持續的財務支持與問責制，以保持他們做工有果效。（林後八 1-7；來三 13）

(9) 引領他們住在基督裡恆切禱告，倚靠神。
（徒一 14；羅十二 12；西四 2）

(10) 賜給他們從神而來的健康、安息與安樂。
（出三十三 14；太十一 28；約參 2）

(11) 祝福他們在辛苦的事奉中仍有堅固的婚姻和家庭。
（弗五 22～六 4；提前三 4-5）

(12) 使他們能有效傳福音、領人作基督的門徒。
（太二十八 18-20）

(13) 幫助他們開拓教會並在每一間教會建立良好的領導。
（多一 5）

(14) 無論他們去哪裡服事，都使用他們作為合一與復興的催化劑。（代下七 14；詩一百三十三）

(15) 將來站在神面前時能被稱讚說他們是忠心的。
（太二十五 21；提前一 12；提後四 7）

9. 為你的城市禱告

(1) 求神祝福予你所居住的城市，使之成為一個安全繁榮、讓許多家庭自由地安居和成長、可以敬拜和事奉神的地方。（詩一百二十二 6-9；約參 2）

(2) 在全市興起有能力的牧者和健康的教會，在各處發光照亮各地，作常駐的屬靈兵力。（太五 16；徒十六 4-5）

(3) 打開信徒的眼睛，使他們心中對失喪者充滿愛和憐憫。
（太九 27-28；約四 35；羅五 5，十 1）

(4) 聯合本地牧者彼此代禱，並為本市的復興和恢復禱告。
（西四 3；提後一 8）

(5) 聯合本市眾教會一起為傳揚真道、滿足本市的事奉需要而禱告。（提後四 1-3；多三 14）

(6) 賜給我們的領袖指引和智慧，幫助他們敬畏神勝過懼怕人。（申十 12；雅一 5）

(7) 以賢能、敬虔、尊榮神，並能有智慧、公正無私地服務人民的領袖，取代糟糕腐敗的政府領導人。
（詩一百零一 7-8；彌六 8）

(8) 使那些販售罪惡的產品或服務，破壞社區的貪腐企業和組織關閉。（詩五十五 9-11）

(9) 興起能為家庭和城市帶來益處的穩固強健之企業。
（箴二十八 12）

(10) 斥責撒但的影響力和對城市的支配，以福音、禱告和耶穌的血勝過仇敵的一切堅固營壘。
（弗六 12-20；啟十二 11）

(11) 以公義又敬虔取代腐敗的法律和標準。
（申十六 19-20）

(12) 鞏固本市所有的婚姻、家庭和子女教養。
（詩一百一十二 1-9，一百二十八；弗五 22～六 4）

(13) 強加執法以保護人民並降低犯罪。（羅十三 1-5）

(14) 聖靈澆灌於本地，復興教會，為全市帶來屬靈覺醒。
（代下七 14）

V

附錄：屬靈彈藥

與 _____ 拚鬥時可使用的經文：

怒氣
羅十二 19-21；林前十三 4-5；弗四 26-27；雅一 19-20

苦毒／不饒恕
太六 14-15，十八 21-22；可十一 25；弗四 32；來十二 14-15

憂鬱
王上十九；詩三十 5，四十二，一百零三，一百四十三 7-8；
腓四 4-7；帖前五 16-18

對得救產生懷疑
約一 12，三 16；羅十 9-10, 13；弗二 8-9；約壹二 20-25，五
13

恐懼

詩二十三 4，二十七 1，三十四 4，九十一 1-2；箴一 33，三 21-26；太十 28；提後一 7

感覺不被愛的時候

約三 16，十五 9, 12-13；羅五 8；弗三 17-19；約壹三 1，四 9-11

貪念

詩三十七 4；箴二十五 16，二十八 22；提前六 6-10

罪咎感／定罪

詩三十二；羅八 1-2；約壹一 9

絕望

詩三十一 24；傳九 4；太十二 21；林前九 10，十三 7, 13；弗一 12, 18，二 12-13

缺乏信心

詩三十四 8；箴三 5-6；耶三十三 3；太十七 19-20，十九 26；來十一 1, 6；雅五 16

自信心低落

申三十一 6；書一 9；代上十九 13；詩二十七 1-4, 14；腓四 13

情慾
伯三十一 1；箴六 25；太五 28；加五 16；腓四 8；提後二 22；雅一 14

驕傲
詩十 4；箴六 16-17，八 13，十六 18；羅十二 3；雅四 6-10；約壹二 16

自暴自棄
創一 26-28；詩一百三十九 1-14；弗一 1-6；約壹二 20-25，五 13

軟弱
詩六 2，七十九 8；太八 17，二十六 41；羅八 26

憂慮
太六 25-28；可四 19，十三 11；路十二 11；腓四 6-7, 13, 19

VI
附錄：神的名字

舊約中神的希伯來文名字

神，強大的造物之神（Elohim）——創一 1-2

至高神（El Elyon）——創十四 18；詩七十八 56；但三 26

主耶和華，主上帝（Adonai Jehovah）——申三 24

全能神（El Shaddai）——創十七 1；結十 5

看顧人的神（El Roi）——創十六 13

伯特利之神（El Bethel）——創三十五 7

忌邪的神（El Kanna）——出二十 5

耶和華，與人建立關係的神（Jehovah）——創二 4

耶和華我的神（Jehovah-Eli）——詩十八 2

耶和華神（Jehovah-Elohim）——創三 9-13, 23

耶和華必預備（Jehovah-Jireh，耶和華以勒）——創二十二 8-14

耶和華是我的旌旗（Jehovah-Nissi，耶和華尼西）——出十七 8-15

耶和華是叫我們成聖的（Jehovah-M' kaddesh）——出三十一 13；利二十 7-8；申十四 2）

耶和華賜平安（Jehovah-Shalom，耶和華沙龍）──士六 24

萬軍之耶和華（Jehovah-Sabaoth）──撒上一 3, 11

耶和華至高者（Jehovah-Elyon）──詩七 17

耶和華是我的牧者（Jehovah-Raah）──詩二十三 1

耶和華是我們的醫治者（Jehovah-Rapha，耶和華拉法）──
出十五 23-26

耶和華的所在（Jehovah-Shammah）──結四十八 35

耶和華我們的義（Jehovah-Tsidkenu）──耶二十三 5-6

耶穌的名字

全能者──啟一 8

阿拉法和俄梅戞──啟一 8，二十二 13

神的受膏者──詩二 2；路四 18；徒十 38

我們信心的創始者和完成者──來十二 2

愛子──太十二 18；弗一 6

生命的糧──約六 32, 35, 48, 51

新郎──太九 15；約三 29；啟二十一 2

基督──路九 20

保惠師／訓慰師──約十四 16

策士──賽九 6

創造者──賽四十三 15；約一 3；西一 16

救主──羅十一 26

以馬內利──賽七 14；太一 23

誠信真實──啟十九 11

罪人的朋友──太十一 19

神——約一 1；羅九 5；約壹五 20

使人有盼望的神——羅十五 13

好牧人——約十 11, 14

教會的頭——弗一 22，五 23；西一 18

醫治者——太四 23，八 16-17

大祭司——來四 14-15，六 20，七 26，八 1

盼望——徒二十八 20；提前一 1

審判者——提後四 1, 8；雅五 9

萬王之王——提前六 15；啟十七 14，十九 16

神的羔羊——約一 29；賽五十三 7；啟七 9

世界的光——約八 12；九 5

莊稼的主——太九 37-38

萬主之主——提前六 15；啟十七 14，十九 16

賜平安的主——帖後三 16

夫子／老師／主人——路五 5，十七 13；弗六 9

中保——提前二 5；來八 6；約壹二 1

彌賽亞——約一 41，四 25-26

全能的神——賽九 6

和睦——弗二 14

和平的君——賽九 6

為我們的罪作挽回祭——約壹二 2，四 10

復活與生命——約十一 25

公義——耶二十三 6；林前一 30；腓三 9

磐石——林前十 4

醫生——太九 12

救贖主——伯十九 25；詩一百三十 8；賽五十九 20

救恩——路二 30

成為我們的聖潔——林前一 30；來十三 12

救主——路二 11；腓三 20；提後一 10

世人的救主——約四 42；約壹四 14

大牧人——來十三 20；彼前二 25，五 4

神子——太十四 33；路一 35；約一 34

人子——太八 20；路十八 8；約一 51

教師——可六 34；路四 15；約三 2

真理——約一 14；十四 6

得勝者——約十六 33；啟三 21；十七 14

神的智慧——林前一 24

奇妙——賽九 6

神之道——啟十九 13

聖靈的名字

全能者的氣——伯三十二 8

保惠師——約十四 16, 26

基督的靈——彼前一 11

謀略和能力的靈——賽十一 2

信心的靈——林後四 13

焚燒的靈——賽四 4（新譯本）

榮耀的靈——彼前四 14

施恩叫人懇求的靈——亞十二 10

祂兒子的靈——加四 6

聖善的靈——羅一 4

耶穌基督的靈——腓一 19

審判的靈——賽四 4（新譯本）

公平之靈——賽二十八 6

知識和敬畏耶和華的靈——賽十一 2

賜生命的靈——羅八 2

我們神的靈——林前六 11

兒子的靈（使人成為嗣子的靈）——羅八 15（新譯本）

永生神的靈——林後三 3

耶和華的靈——賽六十三 14；路四 18

真理的靈——約十四 17；約壹四 6

賜人智慧和啟示的靈——弗一 17

智慧和聰明的靈——賽十一 2

全能者的聲音——結一 24

耶和華的聲音——賽三十 31；詩一 12

神的名字

烈火——來十二 29

永生神／永在的神——創二十一 33；賽四十 28

父——太五 16；西一 2

賜各樣安慰的神——林後一 3

榮耀的神——詩二十九 3

聖父——約十七 11

我是自有永有者——出三 14

審判全地的主——創十八 25

天上的王──但四 37
主神全能者──啟四 8，十六 7，二十一 22
我心裡的力量──詩七十三 26

VII

附錄：開啟禱告的事奉

耶穌在馬可福音十一章 17 節說：「我的殿必稱為萬國禱告的殿。」你的教會是這樣嗎？你們在本地教會的肢體是否遵行神的道，實踐「恆切禱告」的呼召？每一個教會都應該優先建立一個主動又有活力的禱告事奉，作整個教會事工的根基。

如果你們教會還沒有建立禱告事奉，或是不興旺，也許神正使用你閱讀這本書的時間，重新燃起你對禱告的熱誠，使你像觸媒一樣，協助強化你所屬教會的禱告力。

禱告事奉的目標並不是替教會扛起全部禱告的工作，而是要常常訓練、裝備、賦能、組織弟兄姊妹一同持續有效地為自己的會友、城市和國家禱告。

一個成功的禱告事奉需要領導力、異象，和一個執行事工的團隊。如果你們的會友能成為恆切禱告的人，那教會推動的各項事工都必蒙福。

他們可以建立起一間專門的爭戰室或禱告室，讓個人或小組可以照安排的時間進去禱告。想像一下每個小組都有一個

禱告召集人，在每個主日早上都定期集合大家作聚焦合一的禱告。想像將有禱告的小組聚會舉辦全教會的禁食禱告日（或季），然後大大稱頌神已成就的作為，因為你們同心合一地尋求祂以大能運行在你們中間，掌管每一件事。想像每一名信徒都成為受過訓練、主動積極的禱告勇士。想像每個星期都有信徒來到教會，訴說著禱告蒙應允的奇妙見證。而你也能成為神開始塑造這個事實的其中一部分。

　　現在就與他人談論這件事，並開始為此禱告，聖靈正在呼召所有信徒更深地與祂相交。祂非常想幫助我們每一個人都成為禱告的人，如同祂也非常想幫助教會都成為禱告的殿，為萬國萬民熱切地代求。

F 信仰講堂 04

禱告！神回應：建立強大有效的禱告生活

作　　　者	亞歷克斯＆史蒂芬・肯德里克　合著
譯　　　者	劉如菁
發 行 人	張家銘
責任編輯	黃靖雯
行銷企劃	王思雁
行銷業務	黃建維
印務統籌	謝慶萱
美術設計	謝慶萱
內文排版	呂琇雯

出　　　版	格子外面文化事業有限公司
地　　　址	(802) 高雄市苓雅區福德一路 56 號
電　　　話	07-726 8399
傳　　　真	07-726 8058
郵撥帳號	42236481 格子外面文化事業有限公司
讀者信箱	osb@cncgp.com.tw
網　　　址	www.cncgp.com.tw
法律顧問	銳卓國際法律事務所郭美絹律師

定　　　價	NT360
出版日期	2018 年 9 月，初版
再版年份	23 22 21 20 19 18
再版刷次	15 14 13 12 11 10 09 08 07 06 05
Ｉ Ｓ Ｂ Ｎ	978-986-92116-9-7

國家圖書館出版品預行編目 (CIP) 資料

禱告！神回應：建立強大有效的禱告生活 / 亞歷克斯 . 肯德里克 , 史蒂芬 . 肯德里克合著 ; 劉如菁譯 .
-- 初版 . -- 高雄市 : 格子外面文化 , 2018.09
　　面 ；　公分 . -- (F 信仰講堂 ; 4)
譯自 : The battle plan for prayer : from basic training to targeted strategies
ISBN 978-986-92116-9-7(平裝)

1. 基督教　2. 祈禱　3. 靈修
244.93　　　　　　　　　　　　　　　　　　　　　　　　　　　107013709

格子外面

寬廣無限